PROZESSMANAGE-MENT IM ZEITALTER DER DIGITALSIERUNG

Vorwärts zum Ursprung

Bruno Fretz
©2020

INHALT

Titelseite

1 Vorwort 1

2 Autor

3 Wirtschaftlichkeit und Optimierung von Prozessen, ganz einfach?

4 Was ist ein selbstregulierendes, selbstüberlebendes System?

5 Minimal- und Maximal-Prinzip versus Minimum-Maximum-Prinzip

6 Erstellung eines Fliess-Gleichgewichts: Maximale Leistung und Stabilität sind Naturgesetze

7 Qualität als Grundlage des wirtschaftlichen, nachhaltigen Unternehmenserfolges

8 Systemeffektivität wird deutlich unterschätzt!

9 Prozess-Prinzip und Prozess-Kultur im Sinne der 3 Phasen

10 Bionische Grundlagen nutzen zur Unternehmenssteuerung

11 Gesetzmässigkeiten der Natur - Praktische Tipps

12 Einige Auszüge aus unseren Referenzen:

13 Die wirtschaftliche Überlegenheit der Quanteninformationen

14 Illusion oder Innovation? Information als wirtschaftstreibender Faktor!

15 Quanteninformation – wirtschaftlich nutzen!

16 Innovationen implementieren und Prozesse optimieren ist nachhaltig wirtschaftlicher!

17 Mal angenommen das stimmt, was dann?

Quellennachweis   69

1 VORWORT

Chancen für dauerhaften Unternehmenserfolg
Konstantes Ziel – Neue Denkansätze

Ein Unternehmen erfolgreich zu führen, Werte zu schaffen und die Herausforderungen der Gesellschaft und Ökonomie zu meistern sind natürlicher Weise Ziele, an denen Entscheider in Unternehmen ihre Tagesarbeit ausrichten. Nur allzu oft gelangen jedoch im Alltagsgeschehen Gewohnheiten zur Anwendung, mit denen sich die aktuellen Aufgaben nicht bewältigen lassen. Als Folge daraus kommen die Abläufe in Unternehmen ins Stocken, gesteckte Ziele werden schwer oder gar nicht erreicht. Es erscheint uns, als ob Dinge zäh wie Gummi sind.
Oft herrschen in Unternehmen klassische Annahmen, welche durchaus ihre Bedeutung haben, aber hinsichtlich ihrer Wirksamkeit überprüft werden sollten.

Diese klassischen Annahmen können sein:
- Menschen sind zuverlässig über Geld und Karriereperspektiven motivierbar,
- ein Organigramm, eine Hierarchie und Arbeitsplatzbeschreibungen bilden das stabile Fundament des Unternehmens,
- Kennzahlen und skalierbare Prozesse sind Vordergründig zu sehen,
- Zielvereinbarungen sind ein wesentlicher Führungsfaktor
- u.v.m.,

Die Liste der von unseren Gewohnheiten geprägten Annahmen lässt sich beliebig fortsetzen. Diese Annahmen sind im Hinblick auf die Wahl der Massnahmen zur Zielerreichung grundlegend in Frage zu stellen und neu zu bewerten. Damit einhergehend ist der Denkrahmen, welcher für Lösungen genutzt wird, in Frage zu stellen und erheblich auszudehnen. Wir sollten von der Natur lernen und verstehen, wie wir die Erfolgsmechanismen der Natur für die Unternehmensführung nutzbar machen können. Scheinbar mühelos hat sich die Natur erfolgreich den ständigen Veränderungen auf unserem Planeten angepasst. Das kann man von Unternehmen nicht in gleichem Masse behaupten. Zwischen der Natur und der menschgeschaffenen Ökonomie gibt es einen elementaren Unterschied:

> Die Natur und Tierwelt, welche uns umgibt, erschafft ihre Realität auf der Basis des gleichen Informationsfeldes, wie es für uns Menschen verfügbar ist. Der Ausleseprozess und die Interaktion mit diesem Informationsfeld sind jedoch andere als die, welche wir verwenden. Die Gesetzmässigkeiten, welche die Natur und Tierwelt für ihre Gestaltung und Anpassung nutzen sind intuitiven Ursprungs, die Natur lässt geschehen.

Der Mensch setzt seinen Verstand für die Erschaffung seiner Realität ein und lässt dadurch ein unermesslich grosses Potenzial ungenutzt. Der Verstand kann immer nur das erzeugen, was er in der Lage ist, sich vorzustellen. Der Verstand denkt permanent in einem Modus, den man am treffendsten mit „wenn, dann" bezeichnen kann. Wenn wir A tun, dann wird B daraus resultieren. Die Grundlage für diese Schlussfolgerungen bilden unsere vergangenen Erfahrungen. Sie sind es, die uns Antworten liefern, sie sind es, die unseren Denkprozess dominieren und unseren Verstand ausmachen. Somit ist unsere persönliche Erfahrung die Referenzgrundlage aller Entscheidungen, sie lässt Dinge für uns berechenbar erscheinen. Diese Berechenbarkeit vermittelt uns ein Gefühl von Sicherheit und so ist es nachvollziehbar, dass uns dieses Programm auch bei all unseren Entscheidungen hinsichtlich der Unternehmensführung begleitet.

Die Natur kennt den Denkmodus „wenn, dann" nicht, die Natur kennt nur das JETZT, kein gestern und kein morgen. Die Natur versteht es, dass maximal verfügbare Potenzial des JETZT zu nutzen. Dabei trifft die Natur Entscheidungen, welche für uns nicht immer logisch erscheinen, da wir die Zusammenhänge nicht erkennen. Es ist jedoch keines Falls so, dass alles was uns logisch und vernünftig erscheint, deswegen auch zwangsläufig optimal ist. Das nachfolgende Beispiel soll uns diesen Aspekt näherbringen: Die Grafiken zeigen zwei Varianten, um von A nach B zu gelangen

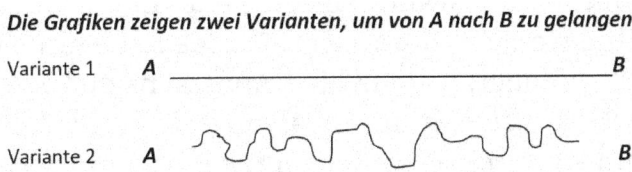

Die Grafiken zeigen zwei Varianten, um von A nach B zu gelangen

Welche Variante erscheint uns als optimal?

Ja sicher, es ist fast schon eine rhetorische Frage. Augenscheinlich ist die Variante 1 die „vernünftigste" und damit optimalste. Diese Betrachtung lässt jedoch die Naturgesetze unberücksichtigt und damit übergeordnete Zusammenhänge ausser Acht. Wir alle kennen die teilweise dramatischen Folgen von Flussbegradigungen. In der Regel schlängelt sich der Fluss durch die Natur, sucht sich den Weg des geringsten Widerstandes und schafft so eine reiche Flusslandschaft, welche vollkommen im Einklang mit der Natur steht. Die Folgen von Flussbegradigungen haben oftmals fatale Auswirkungen. Die Natur gerät aus ihrem Gleichgewicht, Flora und Fauna verändern sich, es kommt zu häufigeren Überschwemmungen, und dies sind nur einige der möglichen Folgen. Oftmals überwindet der Fluss sein menschgeschaffenes Flussbett und folgt seinen alten Wegen, um so das Gleichgewicht wiederherzustellen. Nur allzu logisch, dass einige der künstlich geschaffenen Begradigungen mit viel Aufwand wieder rückgängig gemacht wurden.

Auch ein Unternehmen befindet sich in einem natürlichen und äusserst komplexen Umfeld, wo Gesetzmässigkeiten wirken, die für uns nicht immer erkennbar sind. Die klassischen Managementstrategien sind in Zeiten entstanden, wo der Wandel uns noch nicht mit dem rasanten Tempo und Tiefgang konfrontiert hat, wie heute. Im Wesentlichen sind die Managementstrategien im Industriezeitalter entstanden und wurden aus der Produktionswirtschaft abgeleitet. Vielleicht haben viele dieser auch heute noch für gültig erklärten Strategien und Prozesse noch nie wirklich funktioniert, wahrscheinlich wurden sie von uns Menschen nur funktionierend gemacht. Der Mensch wurde damit in eine „Form" gedrängt, welche eine Anpassung auf persönlicher Ebene zur Folge hatte, eine Anpassung der „natürlichen" Art. Hinzu kommen gesellschaftliche Erwartungshaltungen sowie unser Selbstbild, welche unser Rollenverhalten zusätzlich beeinflussen. Vergleichen wir diesen Prozess mit einer Fehlstellung der Spur beim Auto, so erkennen wir sehr schnell, dass die „Verstellung" zu einer einseitigen Abnutzung des Reifens führt. Ähnlich sieht es bei uns Menschen auch aus. Die Betrachtung der Bilanz der psychosozialen Gesundheit zeigen eindeutige Folgen dieser einseitigen „Abnutzung" der Menschen in ihrem Arbeitsprozess.

Hier nur einige ausgewählte Angaben:
- 30 Prozent der Bevölkerung leiden innerhalb eines Jahres an einer diagnostizierbaren psychischen Störung.
- 39 Tage dauert eine psychische Erkrankung.
- 80 Prozent stiegen die beruflichen Fehlzeiten zwischen 1995 und 2008.

Diese Angaben sind nur einige wenige Informationen, welche die psychosoziale Krise beschreiben mit der wir konfrontiert sind.

Ein Weckruf von Gesundheitsexperten in Deutschland und mittlerweile auch der Schweiz erfolgte in dem Artikel „Burn-out-Alarm", welcher in der Ausgabe 43/2010 des Magazins Fokus veröffentlicht wurde.

Es ist offensichtlich, dass ein dramatisch steigender Teil der Menschheit bereits mit den aktuellen Rahmenbedingungen überfordert ist. Die hier dargestellten Angaben zur psychosozialen Gesundheit sind die Auswirkungen von Ursachen, welche in der Vergangenheit liegen. Es ist augenscheinlich, dass uns die Kräfte zur Meisterung der gegenwärtigen sowie zukünftigen Herausforderungen und Aufgaben dahinschwinden. Woher nehmen wir die Energie, die erforderlich ist, um den immerwährenden Wandel erfolgreich vollziehen zu können? Uns allen muss deutlich werden, dass ein grundlegendes Umdenken erforderlich ist. Zum Einen auf der ganz persönlichen Ebene – Ich für mich – und zum Anderen auf der Unternehmensebene – Der Mensch im Leistungsumfeld seiner Arbeit.

Es stehen genügend Aufgaben vor der Tür, die zu meistern sind und unsere ungeteilte Aufmerksamkeit benötigen. Nachfolgend nur einige Aspekte, mit dessen Folgen wir konfrontiert sind:

Der gesellschaftliche Wandel konfrontiert uns mit Themen, welche sowohl auf der persönlichen, wie auch auf der ökonomischen Ebene tiefgreifende Veränderungen mit sich bringt.

- Demografische Verschiebung Überalterung der Bevölkerung
- De-Sozialisierung Einbruch der bekannten Sozialsysteme und damit steigende Eigenverantwortung
- Veränderungen der Konsumentenbedürfnisse Kürzere Produktzyklen, Entwicklung von der Dienstleistungswirtschaft zur Erlebniswirtschaft

Der technologische Wandel konfrontiert uns in einem erschreckenden Tempo mit Neuerungen und damit verbunden neuen Chancen. Die Nutzungszeit von Chancen hat sich jedoch dramatisch verkürzt!

- Steigende Komplexität und Zunahme der Veränderungsgeschwindigkeit,
- Allgegenwart der Kommunikationsmedien,
- das Internet war erst der Anfang,
- und Künstliche Intelligenz ist bereits vor Ort.

Der Wandel der Werte findet zwar in erster Linie auf der persönlichen Ebene statt, wird aber zwangsläufig in die Unternehmensprozesse hineingetragen und hat so tiefgreifenden Einfluss auf die Geschehnisse in Unternehmen.
- Respekt vor Natur und Tier (Nachhaltigkeit und Suffizienz),
- Respekt vor dem Sein (Sinn, Spiritualität, Work-Life Balance),
- Sinn versus Materialismus,
- Intuition und Achtsamkeit.

Der wirklich tiefgreifende Wandel findet in der Wissenschaft statt.
- Ein Paradigmenwechsel, welcher unser Weltbild grundlegend verändert,
- neue Chancen für unsere Gesundheit und Lebenserfolg mit sich bringt und
- neue Chancen für den Unternehmenserfolg bieten.

Die Folgen des letztgenannten Aspektes stellen die grösste Herausforderung dar, in ihm sind aber auch alle Lösungen und damit enorme Chancen für die nachhaltige Erfolgssteigerung im Unternehmen enthalten. Schauen wir uns diesen Aspekt etwas näher an.

Grundlage der traditionellen Wissenschaft sind die von Sir Isaac Newton 1687 in seiner „Principia" definierten Gesetzmässigkeiten der klassischen Physik. Darauf basiert im Wesentlichen die heute noch am weitesten verbreitete Betrachtung der Welt und der damit verbundenen Möglichkeiten, wie auch Begrenzungen. Die „Newton'schen Gesetze" beschreiben das Universum als eine „Lagerhalle" statischer, getrennter Gegenstände. Die Annahme ist, dass Materie unverletzbar und in sich geschlossen ist. Dieser Ansatz ist es dann auch, indem unser Denkmodus „wenn, dann" begründet liegt.

* * *

Zusammenfassend: Die klassische Physik geht von der Dominanz der Materie aus!

* * *

In den frühen Jahren des vergangenen Jahrhunderts wurde mit der Erforschung der subatomaren Ebene eine neue Weltsicht geboren, die der Quantenphysik. So bekannte Wissenschaftler wie Max Planck, Albert Einstein, Niels Bohr, Louis de Broglie, Erwin Schrödinger, Max Born und Werner Heisenberg revolutionierten mit Ihren Forschungsergebnissen die gängige Weltsicht der Dinge. Hundert Jahre und tausende von beeindruckenden Forschungsergebnissen sollte es brauchen, bis die Erkenntnisse ihren Durchbruch erzielen, die Beweislage der Wirkungsweisen in unserem Universum so eindeutig ist, dass sie nicht mehr zu ignorieren sind. Fort an werden uns diese Erkenntnisse eine neue Sicht für Lösungen aufzeigen und uns bei der Gestaltung unseres Lebens- und Unternehmenserfolges helfen, sofern wir es denn zulassen.

Die subatomare Ebene offenbart uns, dass das Universum ein einziger lebender Organismus miteinander verbundener Energiefelder ist. Ein Netz dynamischer gegenseitiger Beziehungen.

Die Erkenntnisse der Quanteninformationen in Verbindung mit Unternehmenserfolg bringen uns zurück zu dem Menschen, zu seinen Überzeugungen und seinem Potenzial. Die Überzeugungen der Menschen sind es, welche das persönliche Potenzial zur

Entfaltung bringen kann, welche die Dinge erzeugen und nicht die Umstände in denen wir leben. Ob es Störungen in Abläufen oder der positive Fluss der Dinge sind, all das steht in kausalem Zusammenhang mit unseren Überzeugungen. Das und nichts Anderes ist es, was den Erfolg ursächlich ausmacht. In dem gleichen Mass, wie es uns gelingt, das persönliche Potenzial eines Menschen zur Entfaltung zu bringen, werden Aufgaben leichter und kreativer gelöst, Konflikte verschwinden, Ziele schneller erreicht und schlussendlich ein nachhaltiger Unternehmenserfolg sichergestellt.

Dann endlich tun wir das, was die Natur schon immer getan hat: Wir geben die Begrenztheit unseres Verstandes auf und nutzen das in uns verfügbare Potenzial!

Ansätze des Lernens aus der Natur werden im Bereich der Bionik, als dessen Begründer Leonardo da Vinci gilt, erfolgreich umgesetzt. Dabei geht es um die Entschlüsselung der „Erfindungen" aus der belebten Natur und ihrer Umsetzung in der Technik. Viele Dinge unseres täglichen Lebens wurden im Laufe der Jahre von der Natur abgeschaut, ob etwas Banales wie der Reissverschluss, selbstreinigende Oberflächenstrukturen von Gebäuden oder moderne Konstruktionen von Stadien, die Liste der naturverbundenen technischen Produkte ist lang. Die Natur lehrt uns aber auch neue Ansätze hinsichtlich der Organisation von Abläufen oder der Führung von Teams. Mit dieser Thematik beschäftigt sich erfreulicher Weise eine Reihe von aktuellen Publikationen der zeitgemässen Managementliteratur. Ihr Unternehmen in einen natürlichen Organismus zu verwandeln, macht eine Vielzahl von Anpassungen erforderlich, welche nur Schrittweise umgesetzt werden können/sollten.

Um einen solchen Prozess in Gang zu setzen, sollten jedoch mindestens die vier nachfolgenden Punkte Einzug in die Massnahmenplanung Ihres Unternehmens erhalten:

1. Kohärenz
- Schaffen Sie Einklang im Überzeugungsmuster Ihres Unternehmens.
- Die Unternehmenswerte, -vision, -mission sowie –ziele müssen mit den Überzeugungen Ihrer Mitarbeiter in Einklang stehen.
- Die Überzeugungen, welche die Mitarbeiter von sich, dem Markt, dem Unternehmen, der Aufgabe und den Perspektiven haben, müssen ein hohes Niveau haben.

2. Partizipatorisches Leadership
- Lassen Sie Ihre Mitarbeiter mitwirken und mitgestalten.
- Erzeugen Sie Befähigung über Vertrauen und Verantwortung.
- Beziehen Sie bei aller Ergebnisorientierung die Menschorientierung mit ein.

3. Lernende Organisation
- Schaffen Sie ein Lernumfeld, welches das Potenzial Ihrer Mitarbeiter zur Entfaltung bringt.
- Schaffen Sie Spass an Kompetenzerweiterung und Persönlichkeitsentwicklung.
- Machen Sie Trainings und die Kompetenzausweitung zu einem täglichen Bestandteil des Arbeitslebens in Ihrem Unternehmen.

4. Work-Life Balance
- Betrachten Sie den Menschen ganzheitlich, also über den Einsatz im Unternehmen hinaus.
- Leisten Sie einen Beitrag dazu, dass ein Ausgleich auf den Ebenen „Ego", „Soziales Umfeld & Partnerschaft" sowie „Beruf" stattfindet.

Empfehlenswerter Weise sollten Sie für die Umsetzung der zuvor genannten Themen externe Ressourcen einbeziehen. Nutzen Sie Spezialisten, welche sich auf die Potenzialentwicklung fokussieren und die Chancen nutzen, welche uns die Erkenntnisse der Quanteninformation offenbaren. Nehmen Sie sich die Zeit und nutzen eine Gelegenheit zum Gedankenaustausch mit Experten.

Unser in den letzten 15 Jahren entwickeltes INOQUN®-System wird Sie mit einigen neuen, noch nie gehörten oder gelesenen Fakten und Sachverhalten bekannt machen. Lassen Sie sich überraschen. Es wird spannend, informativ und unterhaltsam. Übrigens: Das Lesen lohnt sich nicht nur für Unternehmer und Unternehmerinnen, sondern auch für Privatpersonen. Schliesslich ist es nicht uninteressant zu wissen, welche Möglichkeiten Firmen heutzutage nutzen.

2 AUTOR

Sie werden sich fragen, wie ausgerechnet ich, ein ehemaliger Spitzensportler, dazu komme, eine solche neue These aufzustellen. Schliesslich bin ich kein Physiker oder Chemiker. Weder bin ich ausgebildet in Quantenmechanik, noch habe ich ein Studium in Quantenphysik. Es war vielmehr meine Euphorie, die mich dazu brachte, ein Theorem aufzubauen, das aus Sicht der Newton'schen Physik unzulässige Kombinationen ausweist, aber dennoch, oder gerade deswegen, richtig ist.

Im Grunde begann das alles schon in meiner Zeit als Spitzensportler. In den Jahren 1975 bis 1984 feierte ich Erfolge als Downhill/Abfahrtsspezialist im Weltcup und fuhr Abfahrten wie Kitzbühel, Lauberhorn, Garmisch, Gröden, Chamonix und viele weitere. Bereits damals faszinierte mich, wie sich mentales Training auf die Leistung von Spitzensportlern auswirkt, und ich wollte herausfinden, was genau dabei im Gehirn passiert. Um mein Vorhaben, Mentaltraining grundsätzlich zu erforschen, in die Realität umzusetzen, begann
ich viele Bücher aus den unterschiedlichsten wissenschaftlichen Fachgebieten zu lesen. Fündig wurde ich letztendlich im Bereich Quantenphysik. Keine andere Wissenschaft lieferte mir zufriedenstellendere Antworten bezüglich der Auswirkungen von Mentaltraining und so konzentrierte ich mich auf die Arbeiten von Albert Einstein, Stephen Hawking, Niels Bohr, Anton Zeilinger, Nicolas Gisin und zahlreichen anderen Experten auf diesem Gebiet.

Nachdem ich Betriebswirtschaft studiert und mir nebenbei die Grundlagen der Quantenphysik erarbeitet hatte, wollte ich mehr.

Die mentalen Aspekte sportlicher Erfolge sind schwierig zu messen und so ging es mir zunächst darum, eine Messbarkeit zu realisieren. Im Zuge dessen kam mir der Gedanke, dass das mentale Verhalten eines Menschen auch in vielen weiteren Bereichen, nicht zuletzt im beruflichen Umfeld, eine Rolle spielt.
Die Idee der Dienstleistung Unternehmensberatung mit Einsatz von Quantenphysik war geboren. Nach einer zweijährigen Testphase gründete ich im Jahr 2005 mein erstes Unternehmen Fretz +Partner in der Schweiz. Meiner jahrelangen Beschäftigung mit der Quantenphysik verdankte ich ein umfangreiches Wissen, das es mir erlaubte, Optimierungen für Unternehmen zu planen, umzusetzen und mit den richtigen Strategien die Märkte zu erobern.

Auf Kundenanfragen entwickelten wir eine Lebenslaufanalyse, die wir 2010 erstmals in einem Konzern einsetzten. Zu Beginn war das keine leichte Aufgabe, da es keine Datenbank gab, die sich auch nur annähernd für unsere Zwecke eignete. Die Verhaltens-DNA eines Menschen aufzudecken und anhand dieser eine Entscheidungsgrundlage zu bieten, ist einerseits extrem schwierig und andererseits auch eine besonders verantwortungsvolle Aufgabe. Schliesslich hängt von den Resultaten nicht nur der unternehmerische Erfolg unserer Kunden ab, sondern auch die berufliche Karriere ihrer bestehenden und potenziell zukünftigen Mitarbeiter.
Nach jahrelangem Forschen entwickelten wir das Digitale-Assessment, das HR-Verantwortlichen mithilfe künstlicher Intelligenz wertvolle Empfehlungen bezüglich der Soft Skills von Mitarbeitern und Bewerbern bietet. Diese Technologie ist nicht zu vergleichen mit herkömmlichen Assessments oder sonstigen Testverfahren auf dem Markt.

Als ich im Jahr 2009 einen Vortrag über angewandte Quantenphysik in Unternehmen hielt, sassen zwei Professoren im Publikum, die beweisen wollten, dass die von mir getätigten Aussagen, mein Theorem, nicht stimmen. Nach über fünf Jahren wissenschaftlicher Beweisführung erschien 2015 eine wissenschaftliche Arbeit in Buchform, die den Beweis antritt, dass es durchaus möglich ist, eine Optimierung von Unternehmen unter Einsatz von Quantenphysik vorzunehmen. Hierfür möchte ich mich im Nachhinein bedanken, zumal ich bis 2014 nichts von den Untersuchungen der Professoren wusste.

Danke sagen möchte ich auch meinen vielen, ja sehr vielen Kunden, die mir insbesondere in den Jahren 2005 bis 2015 ihr Vertrauen schenkten, obwohl es damals noch an einer wissenschaftlichen Grundlage für die Unternehmensberatung mit Quantenphysik fehlte. Wie die Betriebserfolge zeigen, waren die Kosten für die Unternehmensoptimierung auf diese immer noch einzigartige und ungewöhnliche Weise keine Fehlinvestition.

Jetzt aber Schluss mit den Geschichten. Ich wünsche Ihnen viel Spass beim Lesen. Seien Sie offen für neue "Theorien", die bereits erfolgreich in Unternehmen zum Einsatz kommen und erfahren Sie alles Wichtige zum Prozessmanagement im Zeitalter der Digitalisierung.

3 WIRTSCHAFTLICHKEIT UND OPTIMIERUNG VON PROZESSEN, GANZ EINFACH?

Ein Paradigmenwechsel hat immer mit einem Verlassen der Bequemlichkeitszone zu tun. Der klassische Wiederstand hiergegen findet immer wieder seine Anhänger und somit sind die Feinde des Neuen sofort auf dem Parkett.
Sie kennen dieses Phänomen bestimmt: Des Öfteren werden neue Lösungen anfangs belächelt oder gar bekämpft und beweisen sich schliesslich doch. Das bedeutet für Sie als Unternehmer, dass unkonventionelle Lösungen stets die neuen „Märkte" der Zukunft sind. Vertrauen Sie darauf!

Innovationen implementieren und Prozesse optimieren in Kombination mit Wirtschaftlichkeit wird bis heute als fast unmöglich betitelt. Die neuen Voraussetzungen in der modernen Wirtschaftswelt präsentieren jedoch je länger je mehr ein anderes Bild. Naturgesetze sind und bleiben die effizientesten und ökologischsten, die jemals gebaut wurden, wir müssen sie „nur" kopieren und gezielt in die Wirtschaft übertragen. Naturgesetze - und damit höchste Optimierung aller Bereiche - sind Entwicklungsschritte, die zukünftig in jedes erfolgreiche Unternehmen gehören.

Die neuartigen Kombinationen und Wege, die Sie nachfolgend noch lesen werden, sind Verbindungen und Lösungsansätze, welche die klassische Physik, Mathematik oder Chemie bis dato nicht beschreiben oder machen dürfen. Die verbreitete und fest etablierte newtonsche Lehre verbietet solche Kombinationen. Zurzeit sind zwar einige Wissenschaftler mutiger geworden, erwähnen ähnliche Zusammenhänge oder ziehen solche Kombinationen in Betracht, aber leider alles noch sehr zurückhaltend. Ein Beispiel hierfür ist das Interview mit Dr. Ulrich Warnke, in welchem erklärt wird, wie das Bewusstsein „Wirklichkeit schaltet" (Interview mit Werner Huemer).[1]

❋ ❋ ❋

Jedem Sportler ist bekannt, dass mit einer optimalen, mentalen Vorbereitung ein grosser Teil des Erfolges gesichert ist. Das Mentaltraining besteht aus reinen Informationsinhalten, die manchmal mit den entsprechenden Gefühlen kombiniert werden, um uns im richtigen Moment die richtigen Impulse zu geben. Informationsinhalte? Ja genau, auch die Physik spricht von (unsichtbaren) Verschränkungen und davon, dass alle vorhandenen Informationen sofort und zu jeder Zeit abrufbar sind. Viele solche Details aus dem Teilgebiet der Quanteninformation sind noch nicht genau beschrieben und können auch nicht beschrieben werden, weil die klassische, newtonsche Physik dagegen steht. Die Newtonsche Physik besagt, dass nur was messbar ist, auch Wirklichkeit ist - den Rest gibt es nicht. Folglich gelten auch die oben beschriebenen Informationsimpulse als nicht real.

Die in diesem eBook beschriebenen Thesen sind nicht in allen Details wissenschaftlich beweisbar, jedoch in der Praxis hundertfach bewiesen. Seit 2003 werden diese neuen Kombinationen in der Unternehmensentwicklung eingesetzt, mit Spitzenresultaten.

4 WAS IST EIN SELBSTREGULIERENDES, SELBSTÜBERLEBENDES SYSTEM?

Um diese Frage zu beantworten, führen wir hier eine umfangreiche Begriffserklärung auf, welche Ihnen eine Idee davon gibt, wie ein gesundes und natürliches System funktioniert und wie es auch in Ihrem Unternehmen oder Ihrer Tätigkeit aufgebaut werden sollte, um Prozesse optimieren zu können.

*Wikipedia [2]: Der Begriff **Selbstregulation** oder Selbstregulierung bezeichnet das Verändern eigener Gedanken, Gefühle, Motive und Handlungen aufgrund von Selbstreflexion. Es erfordert das Wahrnehmen, Fähigkeiten zum Ändern und deren zielgerichtetes Anwenden.*
Selbstregulation wird häufig als Synonym für Volition oder Willenskraft verwendet. Das Prinzip der Selbstregulierung wurde aus den Paradigmen der Homöostase und Kybernetik unter anderem durch Frederick Kanfer, Paul Karoly und Albert Bandura in den 1970er Jahren entwickelt.
Im Gegensatz zur Steuerung, beschreibt der Begriff Regulierung lernfähige Systeme, die sich durch Feedback an veränderte Rahmenbedingungen anpassen und trotz dieser Störungen (Soll-Ist-Abweichungen) ihr (selbst gesetztes) Ziel erreichen können. Eine Fremdsteuerung durch Andere als den Handelnden erlaubt keine Regulierung, weil das Feedback allenfalls mittelbar den Steuernden erreicht.

* * *

Wikipedia [3]: Unternehmen sind biologische Systeme und arbeiten als Entropiepumpe (Umwandlungspumpe). Dabei „ ernährt" sich das System von negativer Entropie. D.h. energiereiche Stoffe müssen zugeführt werden. Die Entropie der Ausscheidungen ist grösser als die der Nährstoffe. Unter Entropie wird der Unordnungsgrad eines Systems bzw. die Summe aller Umwandlungen verstanden, die ablaufen, um das System so zu organisieren, dass es in einen Zustand versetzt wird. In diesem Zusammenhang ist die Selbst-Organisation des Systems von der aussen eingebrachten Information in das System abhängig. Wichtiges Mittel zur Entropieverminderung eines Systems ist der Informationstransport in das System. Prozesse der Selbstorganisation können nur ablaufen, wenn das System Entropie exportieren kann, d.h. wenn höhere Energiepotentiale zugeführt und geringere Energiepotentiale abgeführt werden.

* * *

Daraus folgern wir, dass nur diejenigen biologischen Systeme eine Überlebenschance besitzen, die zur Erlangung von Energie, weniger Energie aufwenden, als zur Energieproduktion verbraucht wird. Völlig logisch, denken Sie? Genau!
Und überträgt man diese Erkenntnis nun auf ein wirtschaftliches System, beispielsweise ein Unternehmen, wird das Resultat - bei konsequenter Anwendung dieses Naturgesetzes der Selbstregulierung und Selbstorganisation in allen Bereichen - ein positiver betrieblicher Cashflow sein.

Fazit: Der kreative Charakter der biologischen Evolution als universeller Selbstorganisationsprozess, der ständig Neues hervorbringt, ist eine „unerschöpfliche Innovationsquelle".

5 MINIMAL- UND MAXIMAL-PRINZIP VERSUS MINIMUM-MAXIMUM-PRINZIP

5.1 Maximalprinzip

(auch Ergiebigkeitsprinzip): Mit gegebenen festen Mitteln (Input) einen möglichst grossen Nutzen (Output) erzielen.

Wenn wir in die Strukturen der Unternehmen hineinschauen, sind diese auf betriebswirtschaftlichen Grundsätzen aufgebaut. Logisch! Aber gerade bei Jungunternehmen oder Startups sind viele BWL-Grundsätze nicht berücksichtigt oder können nicht berücksichtigt werden, aufgrund mangelnder Erfahrung oder zu wenig Geld. Trotzdem kommen diese Unternehmen in eine Gewinnzone und investieren in neue Projekte. Die Art und Weise, wie die Entscheidungen getroffen werden, ist dann meist aus Sicht des Marktes und sehr zeitnah. Es wird also immer aus der momentanen, gegebenen Situation und mit vorhandenen Mitteln so viel wie möglich rausgeholt bzw. einen möglichst grossen Nutzen angestrebt.

Das Maximal-Prinzip ist ein wirtschaftliches Prinzip. Es bedeutet, so viel wie möglich aus dem Bestehenden herauszuholen, was im Widerspruch zur Innovations-Strategie steht. Alle Handlungen in diesem Wirtschaftsdenken sind auf Mehr, Mehr, Mehr ausgelegt. Wenn Sie in einer Struktur sind, in welcher das Maximale herausgepresst werden muss, sind Controlling-Massnahmen die einzige unabdingbare Grundlage für den „Erfolg".

Das weit verbreitete Maximal-Prinzip hat die westliche Gesellschaft in ein Verhalten geführt, welches wahrscheinlich nicht selbstregulierend eine Korrektur erleben wird. Die rund-um-die-Uhr-Verfügbarkeit und muss-ich-haben-Mentalität ist nicht so einfach umzustürzen. Es würde schnell zum persönlichen Eingriff werden, sollte sich in diesen Bereichen etwas verändern, was wiederum ein grosses Konfliktpotenzial birgt.

5.2 Minimalprinzip

(auch Sparsamkeitsprinzip): Mit möglichst wenigen Mitteln (Input) ein gegebenes festes Ziel (Output) erreichen.

Wenn eine Firma grösser wird als ein mittleres Unternehmen, werden die gesetzlichen Rahmenbedingungen und die internen Controlling-Massnahmen immer umfassender und komplexer. Ein selbstregulierendes, selbstüberlebendes System kann kaum mehr gebaut werden, d.h. das laufende System wird durch das eigene Wachstum daran gehindert, sich weiterzuentwickeln. Diese Aussage soll nicht bedeuten, dass ein kleines System keine Regeln oder Controlling-Funktionen braucht - Der Unterschied ist nur, dass die Regeln beim Kleinunternehmen viel einfacher, übersichtlicher und i.d.R. bereits klar umgesetzt sind („War ja schon immer so").
Die Möglichkeit, dass das Unternehmen sich entwickeln kann ist stark abhängig von äusseren Vorgaben und Gesetzen. Wenn ein Unternehmen zu gross wird, hemmt es sich selbst. Es leistet ab einem gewissen Punkt nur noch das Nötige, um auf dem Markt zu überleben und alle Bestimmungen und Erwartungen von aussen zu erfüllen.
Die Ineffizienz wird dabei immer grösser! Wills der „Teufel", dass das Unternehmen auch noch an die Börse geht oder eine Publikumsgesellschaft werden will, dann ist eine Innovations-Strategie nur noch mit sehr viel Aufwand auszuarbeiten, wenn überhaupt noch.

Unsere Erfahrung zeigt klar, dass in Mittel- und Grossbetrieben ein riesiger Ressourcenverschleiss stattfindet. Aus bestehenden Strukturen kann meist nur wenig herausgeholt werden, da die Einzelleistung mit der Grösse des Unternehmens ineffizienter geworden ist. Der hauptsächliche Verschleiss wird dabei über interne Controlling-Massnahmen, sowie über Gesetzeseinhaltung, Standeswahrung und Führungsinkompetenz verbraucht – wie oben bereits beschrieben. Am wenigsten werden die vorhandenen Ressourcen genutzt, um neue Prozesse einzuführen, neue Abläufe zu entwickeln, neue Dienstleistungen anzubieten. Folglich ist das Unternehmen aufgrund seiner Ineffizienz nicht mehr fähig, zu befriedigen, was der Markt sich wünscht.

Innovation drückt sich in stetiger Bewegung und Prozessoptimierung aus, auch wenn das vielen Unternehmern ein Dorn im Auge ist. Veränderungen bedeuten schliesslich immer auch eine mögliche Problemaufdeckung und Probleme möchten die meisten lieber unter der Oberfläche halten.

5.3   Das natürliche Minimum-Maximum-Prinzip

Das Minimum-Maximum-Prinzip ist das Grundprinzip der Natur. Anders als die bekannten ökonomischen Prinzipien, besagt es, dass mit einem Minimum an Material und Energie, ein Maximum an Leistung und Stabilität erreicht wird – Wir verstehen es als eine Art Innovations-Strategie zur Prozessoptimierung. Dabei werden die Pfeiler der Optimiertheit, Multifunktionalität, Funktion, Struktur, Dynamik, Operativität, Fremdenergienutzung und Effektivität stets berücksichtigt. Wir haben für Sie diese Grundsätze in die Wirtschaft übertragen und nachfolgend interpretiert.

Optimiertheit bedeutet eine ständige Wechselwirkung mit der Umgebung (z.B. Konkurrenz, Markt, Kunden, Lieferanten, etc.), dabei ist bewusste Wahrnehmung und ständige Reflexion überlebenswichtig.

Multifunktionalität bedeutet Sie haben mehre Funktionen zur Ausführung Ihrer Produkte oder Dienstleistungen; bleiben Sie vielseitig in Ihrem Angebot und versuchen Sie stets möglichst vielen Bedürfnissen gerecht zu werden.

Funktion und Struktur bedeutet zuverlässige Funktionserfüllung und klare Strukturen führen auch zur Effektivierung des Gesamtsystems bzw. des Unternehmens.

Dynamik Ist die Voraussetzung zur Funktion des Systems (Die Natur besitzt keine Devise „Wegen Umbau geschlossen").

Operativität bedeutet Sie entwickeln vielfältige Strategien oder Mehrfachziele; damit kommt kaum Konkurrenz auf und das Unternehmen kann durch Nutzung von unterschiedlichen Ressourcen wirksamer operieren.

Fremdenergienutzung bedeutet Sie verringern Ihren Energieverbrauch und fragen Sie andere. Oft steht Ihnen „gratis" oder günstig Fremdenergie zur Verfügung.

Effektivität bedeutet ökologischer Umgang mit Unternehmen und Umwelt. Ziel ist höhere Wirksamkeit mit weniger Ressourcenverzehr.

Fazit: Wir müssen umdenken und von der Natur lernen!

Ökologische Grundvoraussetzungen können nur erreicht werden, wenn andersartige Massnahmen eine Möglichkeit haben, umgesetzt zu werden - Ganz nach dem Vorbild der Natur. Ansonsten bleibt das Thema Prozessoptimierung ein Wortspiel, welches im besten Fall als Marketingzweck Anwendung findet.

Ganz allgemein kann man sagen, dass die Wirtschaft immer schwierigere Herausforderungen zu bewältigen hat. Der Gesetzesdschungel kann heutzutage nur noch von Rechtsanwälten interpretiert werden. Die internen Kontrollmassnahmen sind mehrheitlich nur zum Schutz der Entscheider vorhanden. Ein gewisser Kostenanteil ist für externe Kontrollen zur Qualitätssicherung der Dienstleistungen und Produkte zuständig. Doch der Kunde kommt oftmals an letzter Stelle.

Die meisten Unternehmen sind leider noch weit entfernt vom bewährten Minimum-Maximum-Prinzip der Natur.

6 ERSTELLUNG EINES FLIESS-GLEICHGEWICHTS: MAXIMALE LEISTUNG UND STABILITÄT SIND NATURGESETZE!

6.1 Systemeffektivität / Evolutionsgesetzmässigkeiten

Das Ziel eines jeden Unternehmens soll sein, ein optimales Fliess-Gleichgewicht zu schaffen.

❊ ❊ ❊

Fliess-Gleichgewicht bedeutet:
Ein selbstregulierendes,
selbstüberlebendes
SYSTEM zu bauen!

❊ ❊ ❊

Gleichzeitig maximale Leistung und maximale Stabilität zu erreichen ist ein Grundprinzip der Natur!

Wieso sollte dieser Ansatz im Unternehmen nicht auch umgesetzt werden können?!
Sämtliche Prozesse im Unternehmen müssen hierfür lediglich einer einzigen Grundzielsetzung folgen:
Eben ein selbstüberlebendes, selbstregulierendes System zu bilden!

Unsere Erfahrung hat gezeigt, dass die Zeitachse in der Quanteninformation eine der schwierigsten Beurteilungen überhaupt ist. Die Natur hat keine Zeit, sondern Regelmässigkeiten, Rhythmen und Systeme, was in Erklärungen der Entwicklungs-Beratung und dazugehörigem Mentoring einige Herausforderungen und Verständnisprobleme mit sich bringt. Die Erwartungen der Kunden entstehen oft aus dem Blickwinkel der Vergangenheit (man zieht automatisch Parallelen und macht Vergleiche mit früheren Zuständen) - Dadurch wird das System nicht ganzheitlich und nicht mit den „Augen" der Naturgesetze betrachtet.

Zwar gelingt es uns, bei unseren Kunden-Gesprächen auch komplexe Fragestellungen aus diesem Bereich zu beantworten und Unsicherheiten zu klären, sodass dem einzelnen Unternehmer die Situation begreiflicher wird und die sanften Veränderungen wahrgenommen werden können. Meistens jedoch bleibt eine gewisse Ungeduld der Auslöser einer unterschwelligen Unzufriedenheit. Es ist ja oft so, dass man jahrelang die gleichen Probleme durcharbeitet und immer wieder an denselben Themen hängen bleibt. Und wenn dann einer kommt, der Erfolg und Wachstum verspricht - wie beispielsweise wir, die Unternehmensphysiker - ja dann soll natürlich in einigen, wenigen Wochen gelöst werden, was man schon seit Jahren suboptimal im eigenen Unternehmen betreibt.

7 QUALITÄT ALS GRUNDLAGE DES WIRTSCHAFTLICHEN, NACHHALTIGEN UNTERNEHMENSERFOLGES

Die Systemeffektivität und ihre Leistungsgrenzen. In der Unternehmensentwicklung ist die Qualität der erzeugten Produkte oder Dienstleistungen die Grundlage eines nachhaltigen Bestehens. Des Öfteren wird Qualität als Voraussetzung definiert, welche jedoch leider noch nicht so eingehalten wird, wie der Markt dies verlangt. Zur Qualität der Produkte und Dienstleistung gehört nämlich auch die „Einstellung" gegenüber dem Kunden. Der zahlende Kunde ist nicht nur Geld-Lieferant und Rechnungs-Zahler. Der bestehende Kunde ist auch nicht König, sondern Partner.

7.1 Phase I: Qualität als Grundlage eines florierenden Geschäfts.

Zu oft verlangt der Markt Erneuerungen und Optimierungen der angebotenen Produkte oder Dienstleistungen. Die meisten Anbieter jedoch, sind viel zu stark mit operationellen Aufgaben beschäftigt (drehen im Hamsterrad). Dabei geht völlig unter, dass eine Haupt-Führungsaufgabe die Weiterentwicklung des eigenen Unternehmens oder der Abteilung beinhaltet. Nicht vergessen: Effizienz in jedem Bereich ist das Ziel, auch bei Ihnen selber als Unternehmer!

Qualität (lat.: qualitas = Beschaffenheit, Merkmal, Eigenschaft, Zustand) hat zwei Bedeutungen:
a) neutral: die Summe aller Eigenschaften eines Objektes, Systems oder Prozesses
b) bewertet: die Güte aller Eigenschaften eines Objektes, Systems oder Prozesses
Qualität ist die Bezeichnung einer wahrnehmbaren Zustandsform von Systemen und ihrer Merkmale, welche in einem bestimmten Zeitraum anhand bestimmter Eigenschaften des Systems in diesem Zustand definiert wird. Qualität könnte sowohl ein Produkt wie Wein und dessen chemische Elemente und den daraus resultierenden subjektiv bewertbaren Geschmack beschreiben, als auch die Prozesse der Reifung der Traube, der Produktion und des Vertriebs des Weines, oder den Prozess des Managements der Winzerei. In der Bedeutung b) spricht man von Qualitätswein oder Wein mit Prädikat bzw. von Exzellentem Management.[4]

Der Begriff Qualität hat also eine viel tiefer greifende Bedeutung und ist viel umfangreicher zu bewerten als „nur" in Bezug auf das Produkt oder die Dienstleistung. System-Qualität und / oder Prozess-Qualität sind ganz andere Zugehörigkeiten, die oftmals nicht berücksichtig werden, jedoch für Innovationsprozesse eine klare Vorgabe darstellen.

Qualität ist Prozess- und System-Optimierung. Die Frage ist nur, in welcher Regelmässigkeit und in welchem Umfang dies im wirtschaftlich geführten Unternehmen geschehen sollte. Alle drei bis fünf Jahre braucht es eine umfassendere strategische Überprüfung aller Systeme, Prozesse, Produkte und Dienstleistungen des Unternehmens. Unseren Kunden empfehlen wir zudem, jeweils eine jährliche Weglassens-Strategie zu erarbeiten. D.h. es gilt einmal im Jahr, die Ist-Situation festzuhalten und zu definieren, was zukünftig weglassen werden kann. Ja genau, man sollte zyklisch eine Art Entschlackung und Bereinigung durchführen, das System vereinfachen.

Als Beispiel nennen wir an dieser Stelle gerne die Rechtswissenschaft - Man nehme ein Fallbeispiel und drei Anwälte. Daraus resultieren mit höchster wahrscheinlich vier unterschiedliche Rechtsdarlegungen. Das klingt im ersten Moment zwar witzig, doch diese unglaubliche Überregulierung unseres Rechts-Systems macht vieles komplizierter und mühsamer. Im schlimmsten Fall kann sich das System gar selbst lähmen. Und genau dies wollen wir vermeiden - Wir wollen einfache und klare Strukturen, die jeder (Mitarbeiter) nachvollziehen kann und umzusetzen vermag. Es braucht keine komplexen Gesetze, Reglemente, etc. - Je einfacher, desto besser!

Wenn sich Unternehmen mehr und mehr versuchen der Natur anzunähern und diese auch gezielt als Vorbild nutzen, sprechen wir von einer Innovations-Strategie. In diesem Fall ist stetiger Wandel völlig normal und gehört voll und ganz zu einem qualitativ gut geführten Unternehmen.

Der Qualitätsgürtel ist folglich die wichtigste Grundvoraussetzung eines florierenden Geschäftes. Die Natur kennt kein Pardon wenn das Preis-Leistungs-Verhältnis nicht stimmt. Die Natur will gute Qualität zum günstigsten Preis - Bei Nicht-Einhaltung dieses „Gesetzes" wird der Umsatz auch mit Hilfe der Quanteninformation nicht in die gewünschte Höhe schnellen.

Aus demselben Grund haben wir in unserer Erfahrung ca. 3%-5% der Mandate nicht in die gewünschte Richtung entwickeln können. Zum einen war die Erwartungshaltung des Auftraggebers zu hoch oder zeitlich noch nicht messbar und zum anderen war eben die Produkt-/Dienstleistungs-Qualität in Bezug auf den Markt nicht in Ordnung.

7.2 Phase II: Die spannendste im ganzen Entwicklungsprozess.

In dieser Phase gehen die Umsätze i.d.R. nach oben und die Belegschaft - vor allem der Geschäftsführer - wird mehrheitlich überfordert. In dieser Situation melden sich jeweils die Auftraggeber bei uns und hinterlassen den Eindruck, dass wir "mit der Quanteninformation" irgendetwas unternehmen müssen, damit es wieder "besser" wird.

Ja genau, wir! Aber warum reorganisiert der Auftraggeber - mehrheitlich auch Verursacher der sich jetzt zeigenden Problemstrukturen - nicht selbst? Eine solche Hilflosigkeit widerspiegelt doch genau die bis anhin vorherrschenden, unkontrollierten Handlungen der Mandanten und die damit verbundenen unorganisierten, unkoordinierten Massnahmen.

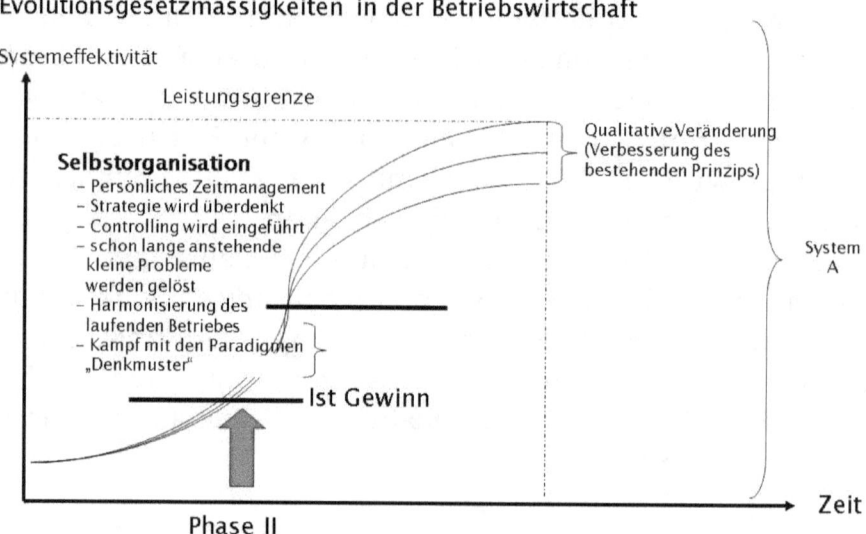

Die Erfahrung in diesem Themenbereich macht uns zunehmend klar, dass in dieser wichtigen, zweiten Phase nur die volle Eigenleistung des Unternehmers zum Erfolg verhelfen kann - die Quanteninformation gibt lediglich die Chance dazu, indem Sie die verborgenen, erfolgshindernden Dinge auf den Tisch bringt. Teils ging es in unserer Arbeit so weit, dass wir unser Engagement für die Kunden reduzierten und diese für eine gewisse Zeit ihrem "Schicksal" überliessen. Vielleicht haben wir dadurch einige Kunden verloren. Jedoch die, welche geblieben sind, haben die Chance genutzt, Veränderungen eingeleitet und umgesetzt, voll nutzbare Controlling Instrumente eingerichtet und damit ihr Unternehmen in eine effizientere, einfachere und lukrativere Zukunft geführt.

Diese Phase der Umsetzung der angewandten Quanteninformation ist somit die schwierigste und die lernintensivste innerhalb der Prozessoptimierung.

Genauso, wie die Phase II zwar viele Herausforderungen mit sich bringt, so führt sie bei einem gewissen Durchhaltevermögen doch mit Sicherheit zum Erfolg. Schon lange geforderte und aus Bequemlichkeit oder Angst nicht gefällte Entscheidungen, werden in dieser Phase endlich getroffen. Damit gehen neue Türen auf, und es bietet sich die Möglichkeit, einen Schritt weiter in Richtung Innovation zu gelangen, da Elemente wie bspw. grosse "Ressourcenfresser" gefunden und eliminiert wurden.

In der Phase II werden oft mehr Gewinne erzielt, als gedacht. Wir haben vermehrt festgestellt, dass auch in Reorganisationszeiten die Gewinne nicht zwingend kleiner werden müssen, sondern gerade in diesen Zeiten über unterschiedliche Kanäle eine erhebliche Leistungssteigerung umgesetzt werden kann.

✻ ✻ ✻

Eine Transformation ist dauerhafter Wandel.

✻ ✻ ✻

Wir möchten es nicht unterlassen Ihnen auch Anwendungsmöglichkeiten zu präsentieren. Einige Grundregeln im Wandlungsprozess: Erfolgreiche Transformation beginnt von unten. Prozessoptimierung kann nicht von oben delegiert und verlangt werden mit nur einem Workshop oder sonstigem einmaligem Input. Nachhaltiger Wandel im Optimierungsprozess verlangt klare Kommunikation von oben nach unten ja wir wollen das, zudem angeordnete Zeitfenster wann und in welchem Rhythmus am Prozess gearbeitet wird. Diese Vorgaben ist Grundlage für Erfolgreiche Optimierungen umzusetzen.

Kleine Unternehmen können den Prozess über ein halbes Jahr intensiv umsetzen und nachher in einen Rhythmus übergehen welcher Zeitlich klar definiert ist jedoch mindestens im Abstand von 3-4 Monaten wiederholend.

Unternehmen die Produktion und Kundenprojekte im Aussenbereich betreuen Bsp. Dachdecker, Heizung-/Sanitär, Baumeister etc. sollten die Phase mindestens über 2 Jahre die Prozesse optimieren. Nach Ablauf der ersten Transformationsphase ist wieder ein klar definierter Rhythmus umzusetzen der nie endet. Beteiligte Personen sind immer die Führungsmannschaft und einige Basismitarbeiter. Die Führungskräfte sind immer dabei, die Basis ist teilweise mit dabei, regelmässig werden alle Mitarbeiter den Optimierungsprozess eingeladen d.h. Pflichttermin für ALLE. Nach einem Rhythmus von 5-6 Durchläufen sollte alle Mitarbeiter an einem Optimierungstag involviert gewesen sein. Grundlage ist von unten nach oben d.h. auch Teilzeit Mitarbeiter sind ein Bestandteil der Optimierung.

Grossbetriebe oder Konzerne stehen in der Herausforderung, dass zu viel involvierte Menschen wahrscheinlich einem Prozessoptimierungsprogramm über länger Zeit nicht aktiv beisteuern würden. Ohne persönliches Engagement und Identifikation zur Prozessoptimierung besteht die Gefahr, dass einige Mitarbeiter in den Status «Dienst nach Vorschrift» fallen könnten. Damit erreicht das Optimierungsprogramm nicht den gewünschten Effekt. Hier empfehlen wir unbedingt in Projektgruppen oder Abteilungen zu arbeiten oder in verschiedenen Städten zu beginnen und dann die Prozessoptimierung stetig und im klar definierten Rhythmus in alle anderen Abteilungen oder Städten, Länder umzusetzen.

Nun zum effektiven Prozess wie in den vorgehenden Kapiteln bereits beschrieben in der Umsetzung.

Grundsätzlich ist jede Organisation d.h. CEO mit seinen C-Level Mannschaft eine Optimierungsgruppe. Die Stabsstellen und deren Mitarbeiter sind auch eine Optimierungsgruppe welche ihre betroffenen Bereiche optimieren. Die Marketingabteilung, Verkaufsleitung inkl. AD, HR, Event, Produktionsabteilung bilden jeweils eine Projektgruppe. Die Gruppen sollte nicht grösser als 7-9 Personen sein.

Der Rhythmus sollte in der ersten Optimierungsphase zwischen 10 Tagen und 21 Tagen liegen. Damit ist gemeint, dass jeden zweiten Donnerstag, oder jede 3. Woche am Dienstag diese Vorgaben einer Prozessoptimierung umgesetzt wird. Der Prozesstag ist mindestens über 6 Stunden an diesem Tag zu bearbeiten. Im Detail liegt der «Teufel» oder die Chance noch einen «Ticken» besser zu werden als gestern. Genauso wie in der Natur Tag für Tag optimiert wird. Oft werden aus den Prozessgruppen Investitionen erkannt welche für die nächsten Schritte getätigt werden müssten. Für die Investitionsprogramme sind Anträge zu stellen an die in übergeordneten Prozessgruppen oder direkt an den CEO oder die dafür kommunizierte Abteilung um dann Entscheidungen zu treffen. Wichtig sind regelmässige Rückmeldungen wie im Bsp. In den Bienenvölkern aufgezeigt wird. (Faszination Bionik) Prozessoptimierungen sind auch dann zu tätigen in den vorgebenen Rhythmus und Zeiteinheiten, wenn keine Investition gesprochen wird. (keine Ausreden sind gültig) In der Natur wird von Systemeffektivität gesprochen das leider in der Wirtschaft oft unterschätzt wird. Systemeffektivität ist ein Betriebssystem auch für die Wirtschaft das sich nachhaltig optimieren möchte. Die Natur kennt nur Nachhaltigkeit, weil sonst ihr Überleben gefährdet ist.

7.3 Phase III: Nicht vorschnell zurücklehnen, der Erfolg beginnt doch erst!

Die Phase III wird zur Farce, weil die Unternehmen in eine Phase der "Gemütlichkeit" kommen. Viele argumentieren jetzt, dass die angewandte Quanteninformation hinfällig geworden sei, da ja jetzt der "Laden brummt". Ein nicht ganz schöner Moment für uns, nicht zuletzt, weil unsere Mandantentreue und entsprechendes Honorar dadurch in Gefahr sind.

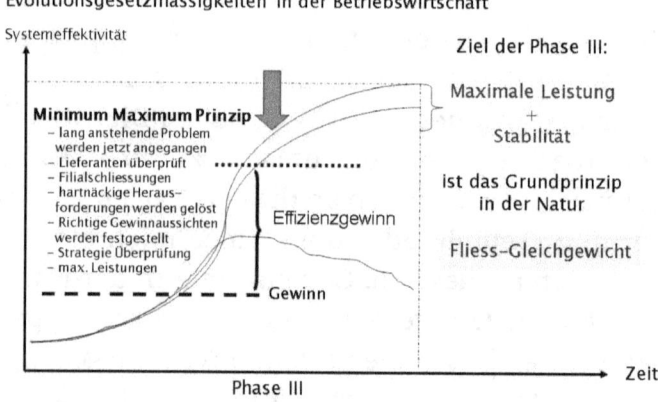

Die Unternehmensführer unterschätzen häufig die jetzt beginnende und sich langsam einstellende Leichtigkeit - Die Innovations-Strategie zur Prozessoptimierung beginnt sich erst jetzt allmählich zu manifestieren. Sie wundern sich bestimmt, was damit gemeint ist? Ganz einfach: Nach jahrelangem "Herumeiern" in der Praxis und "Nicht-Entscheiden" ist der Betrieb nun in der dritten Phase wieder einmal auf Kurs. Ein Grund zur Freude! Aber auf Kurs heisst noch nicht, mit Volldampf zu fahren. So bietet auch diese Phase noch ein immenses Potenzial zur weiteren Unternehmensentwicklung.

Das System stellt sich nun um, Harmonie und Gewinn gehören zum neuen Geschäftsalltag, sogar ohne dabei zwingend mehr Umsatz erarbeiten zu müssen.

Die erreichte, neue Leistungsgrenze sollte sogleich in ein stabiles Fliess-Gleichgewicht gebracht werden. So ist das erreichte Minimum-Maximum-Prinzip innerhalb des Betriebes gesichert und bestehende Mitbewerber werden mit Sicherheit neugierig, wenn nicht gar neidisch, auf den nun sichtbaren Erfolg.
Diese (Leistungs-)Komponente kann aber nur nachhaltig umgesetzt werden, wenn der vorher beschriebene Prozess immer und immer wieder durchlaufen und wiederholt wird. Ein Fliess-Gleichgewicht, d.h. maximale Leistung und zugleich Stabilität, ist die eigentliche Herausforderung der angewandten Quanteninformation. Ja, es ist eine andauernde Entwicklung, eine Aufwärtsspirale, mit welcher immer und immer wieder auf höherem Niveau optimiert werden kann und soll. Die Natur kennt schliesslich keine Pausen, die länger dauern als einmal Schlafen - Und "Wegen Umbau geschlossen" gibt's da draussen auch nicht!

In dieser dritten Phase wird von der Natur aber noch mehr verlangt, was leider viele Unternehmer nicht wirklich umsetzen können oder wollen.
Die Sprache ist vom NUTZEN der vorhandenen Fremdenergien. Warum denn immer alles alleine machen, wenn doch gegenüber ein geeignetes Unternehmen bereits in bestimmten Bereichen einen Spezialisten-Grad erreicht hat? Zusammentun und gegenseitig profitieren ist erlaubt! So haben wir wieder mit weniger mehr erreicht - auch das gehört zur Innovations-Strategie.

Zitat Albert Einstein:
„Probleme, die es in der Welt gibt, können niemals mit derselben Denkweise gelöst werden, durch die sie entstanden sind."

7.4 Einrichten eines dauerhaften Optimierungs-Systems

Um das obige Thema nochmals aufzugreifen und auf den Punkt zu bringen, werden in der Wirtschaft grundsätzlich zu wenig Fremdenergien genutzt, um „gemeinsam" mehr Erfolg zu haben.
Dazu muss ein Betrieb das innere Fliess-Gleichgewicht bewusst ausweiten und mit Offenheit auf den Markt treten. Nur so können Information, Energie und Materie ausgetauscht und für die eigene Entwicklung genutzt werden. Dass man dafür vielleicht auch "geben muss" mag zurückschreckend sein, doch in der Natur überleben nur wenige Einzelkämpfer.

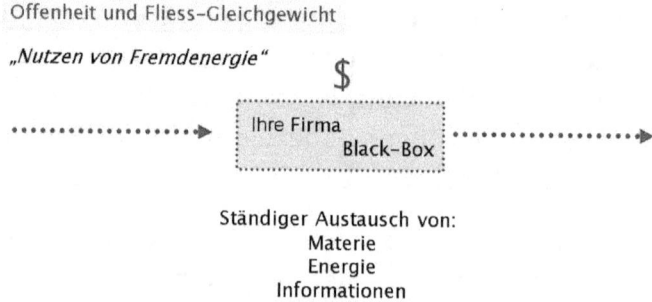

Die zusätzlich vorhandenen Synergien und Synergieeffekte können aktiv genutzt werden für Forschung und Entwicklung. Ja, auch als KMU sollten Sie sich stetig mit der Entwicklung Ihres Betriebes auseinandersetzen - Damit steigern Sie letztlich die Leistungsgrenze der eigenen Betriebsleistung. Wahrscheinlich werden Sie mit dem Prinzip der Offenheit und Fremdenergienutzung innerhalb vieler Aufgaben und Herausforderungen noch schneller und effizienter vorankommen, als wenn sie alles alleine erarbeiten wollen.

8 SYSTEMEFFEKTIVITÄT WIRD DEUTLICH UNTERSCHÄTZT!

Als Unternehmensführung, oder Budget- und Zahlen-Verantwortlicher, sind Sie verpflichtet, Ihre bestehenden Systeme zu optimieren. Täglich, wöchentlich, monatlich - und das stetig. Effizienz beginnt da, wo Sie vorher aufgehört haben.
Biologische Systeme haben eine sehr hohe Funktionszuverlässigkeit, Systemstabilität und Empfindlichkeit - Die Naturgesetze haben über Jahrmillionen ihre perfekte Funktion erarbeitet und durchgesetzt. Doch dieses Ziel wurde nur erreicht, weil jederzeit die bionischen Grundlagen berücksichtig bzw. eingehalten wurden! Dazu gehören die Grundpfeiler des regelmässigen <u>Experimentierens</u>, <u>Variierens</u>, <u>Priorisierens</u> und <u>Korrigierens</u> im eigenen Verantwortungsbereich. Wir sind überzeugt, dass mit dieser essentiellen Basisstruktur eine vollumfassende Systemoptimierung, gemäss Naturgesetzen, umgesetzt werden kann.

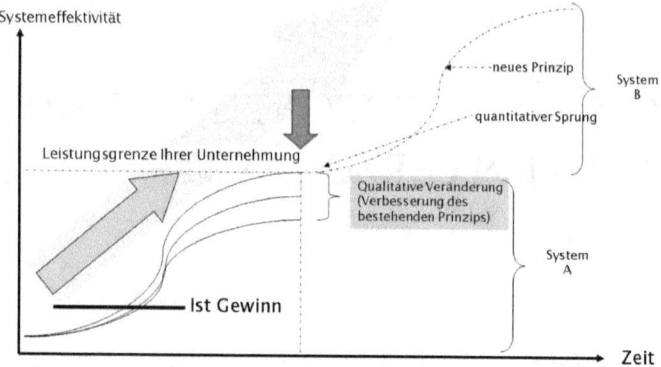

Die angewandte Systemeffektivität bringt nachweislich bis zu 50% Optimierung in verschiedenen Bereichen. Eine qualitativ positive Veränderung kann einen deutlichen Marktvorsprung bieten, nur durch die erwähnten, internen, immer wieder wiederholten Optimierungsprozesse.

Systemeffektivität bedeutet stetiger Wandel in einem sich stetig wandelnden Umfeld. Denn: Der Markt schläft nicht!

9 PROZESS-PRINZIP UND PROZESS-KULTUR IM SINNE DER 3 PHASEN

Nachdem wir das 3-Phasen-Modell beschrieben haben, möchten wir an dieser Stelle eine zusammenfassende Übersicht im Sinne der dazugehörigen praktischen Prozesse zusammenstellen.

Der bestehende Prozess-Katalog sollte mit folgenden Prinzipien überarbeitet werden:
Prinzip der Prozess-Effektivierung
Prinzip der Prozess-Strukturierung
Prinzip der Prozess-Stabilisierung
Prinzip der Prozess-Sicherung

Die Grundfunktionen, welche ein Unternehmen für den Markt erfüllt, werden u.a. am Preis-Leistungs-Verhältnis gemessen. Mit einem Qualitätsgürtel werden die einzelnen Elemente eines Unternehmens leicht messbar. Nicht einmal preissignifikante Unterschiede sind die Grundlage für Erfolg oder Misserfolg - Gute oder bessere Qualität ist gefragt, wird vom Endkunden geschätzt und generiert damit mehr Umsatz.

9.1 Qualität der Produkte und Dienstleistungen stehen gemäss Naturgesetzen an erster stelle - Phase I

Phase I bedeutet, einen Prozess zur Qualitäts-Sicherung einzurichten und zeitgleich die Qualität in allen Unternehmensbereichen, sowie allen Unternehmensebenen zu optimieren.

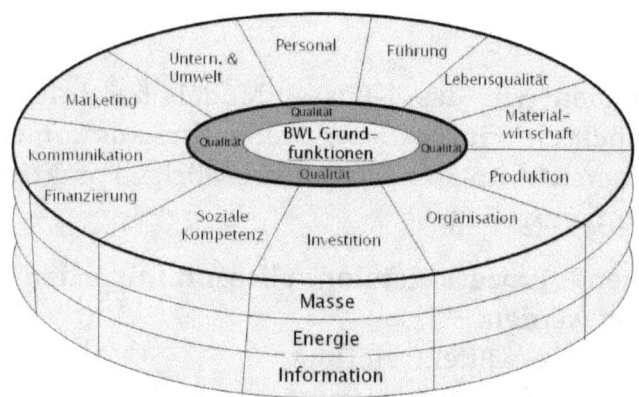

Der Mensch ist grundsätzlich bequem. Seine Herausforderung ist, die gestellten Anforderung zu erfüllen. Dabei spielen verschiedenste Themen eine wichtige Rolle, die je nachdem Harmonie fördern oder Konflikte auslösen können. Einzig die regelmässige Überprüfung, Optimierung und Veränderung dieser Komponenten hilft dabei, Erfolg zu haben. Denn andauernde, hemmende, negative Punkte haben einen grossen Einfluss auf die Aspekte der Arbeitszufriedenheit und damit einen direkten Zusammenhang mit der Leistung, die das Unternehmen letztlich erbringt.

9.2 Selbstorganisation und sinnvolle Delegation der Aufgaben sind wichtige Faktoren - phase II

Phase II bedeutet, einen Prozess der Effizienz einzuleiten mit Hilfe der ehrlichen Selbstreflektion und der daraus resultierenden, optimalen Team- und Selbstorganisation in allen Bereichen.

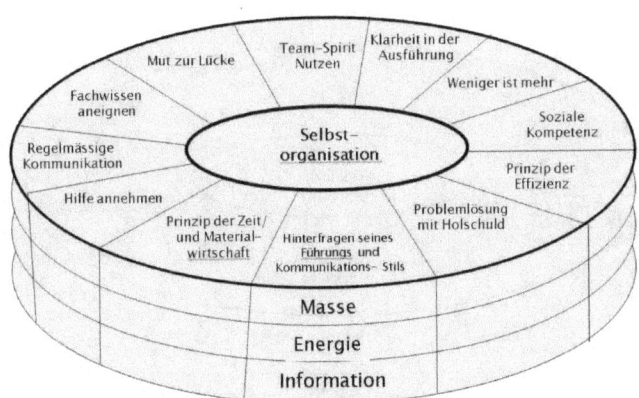

Implementierte Strukturen und Prozesse sind früher zu überprüfen, als gewohnt. Was heisst das in der Praxis? Die Umwelt - und damit auch der Markt - ändert sich heute sehr schnell. Auch wenn immer noch genug Umsatz erwirtschaftet werden kann, müssen trotzdem regelmässig die internen Strukturen überprüft und wenn nötig, angepasst werden. Die Regel wird sein, dass über 30% der vorhandenen Prozesse alle drei bis fünf Jahre geändert werden müssen. Dies wird erforderlich sein, um in erster Linie die bestehenden Kosten zu prüfen und auf der anderen Seite, um auf dem Markt eine klarere Positionierung zu erlangen.

Das Minimum-Maximum Prinzip ist ein bewährtes System, um unnötige Leistungen zu eliminieren. Dabei geht es vor allem um eine konstruktive Hinterfragung der Problemstrukturen mit entsprechenden Lösungsvorschlägen innerhalb der oberen Hierarchien.

9.3 Ein beständiges Fliessgleichgewicht ist das Ziel - Phase III

Phase III bedeutet, das Minimum-Maximum-Prinzip der Natur aktiv anzuwenden, um ein Unternehmen systemisch zu mehr Erfolg und damit in ein harmonisches Fliess-Gleichgewicht zu führen.

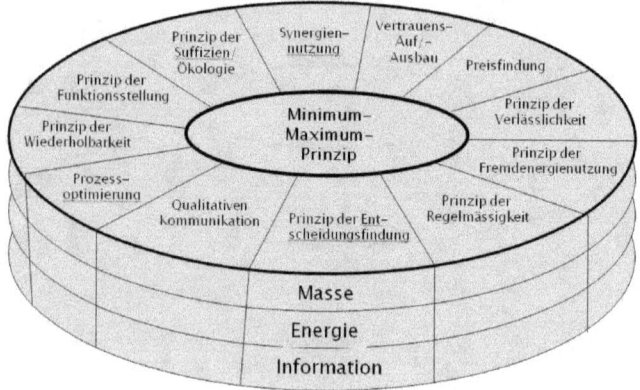

10 BIONISCHE GRUNDLAGEN NUTZEN ZUR UNTERNEHMENSSTEUERUNG

Bionischer Denk- und Handlungsprozess:

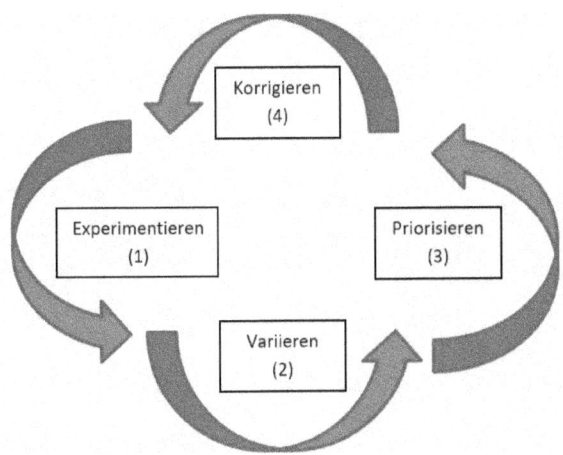

Wir neigen dazu, Lösungen die wir bereits im Einsatz haben, als allgemeingültig zu erklären und zu belassen, wie sie sich eingespielt haben - am besten für immer. Dass jedoch die Natur Lösungen immer nur für Jetzt wertet, wird gänzlich ausgeblendet. Was heute für ein spezifischen Problem Gültigkeit hat, kann morgen schon wieder überholt sein - Ruhen Sie sich also bitte nicht auf vermeintlichen Lorbeeren aus!

1. Experimentieren mit bestehenden Mitteln

2. Variieren der Möglichkeiten

3. Priorisieren der Resultate und Ergebnisse

4. Korrigieren in machbaren Schritten

Stetiges Optimieren und das Unternehmen nachhaltig auf dem Markt zu positionieren ist Hauptaufgabe.

Möglichkeit der Unternehmensentwicklung müssen erkannt und eingesetzt werden. Erfinden Sie Ihre Produkte oder Dienstleistungen täglich neu!

11 GESETZMÄSSIGKEITEN DER NATUR - PRAKTISCHE TIPPS

Umweltinformationen als Grundlage innerer Strukturen

Jedes biologische System nimmt Informationen aus der Umwelt auf und gibt Informationen an die Umwelt ab. Aus dieser Umweltbeziehung lässt sich jedes biologische System ableiten und abgrenzen. Deshalb sind biologische Systeme immer in Wechselwirkung mit ihrer Umwelt zu betrachten, zu analysieren oder zu optimieren.
So kann auch ein Unternehmen als ein solches, biologisches System beurteilt werden - In diesem Fall geht es z.B. um Produkte oder Dienstleistungen, welche aus Marktinformationen entwickelt werden (Informationen aus Umwelt aufnehmen) und anschliessend am Markt verkauft werden (Informationen an Umwelt abgeben).

Zielgerichtete Nutzung von Analogien führt mit hoher Wahrscheinlichkeit zur Problemlösung. Mit gezielten Suchfragen können Sie schneller und einfacher eine Problemlösung finden.

Gesetzmässigkeiten der Natur (und damit die verbundenen Zielbestimmungen):
Evolutions-Gesetz
Evolutions-Trends
Evolutions-Etappen
Evolutions-Schritte

Die Lösungspotenziale der Natur praktisch anwenden:

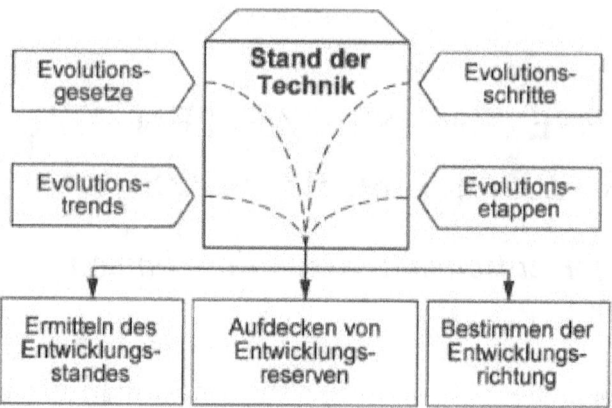

Prof. Bernd Hill

11.1 Lösungsfindung unter Einbezug der natürlichen Gesetzmässigkeiten:

- Bestimmen Sie die Ist-Situation in Ihrem Unternehmen.
- Decken sie gleichwertige oder ähnliche Strukturen, welche auf dem Markt bestehen, auf. (Welches Unternehmen möchten Sie sein?).
- Zusammenstellung relevanter Strukturen (Schaffen Sie sich eine Übersicht!).
- Welche Anforderungen muss Ihr Unternehmen jetzt erfüllen, damit die gesteckten Ziele erreicht werden können?
- Gibt es Kombinationen auf dem Markt, die Sie nutzen könnten, oder ist im Marktumfeld eine ähnliche Dienstleistung vorhanden, die sie dazu kaufen könnten bzw. die Ihre Ziele unterstützen könnte?
- Bewerten Sie die Lösungselemente und erstellen Sie eine Prioritätenliste (Was, Wann, Wer, Wie, etc.).
- Machen Sie einen Massnahmenplan. Denken und Tun sind die Grundbausteine des Erfolgs!

11.2 Untersuchung der Bedarfssituation eines biologischen Systems / Unternehmens:

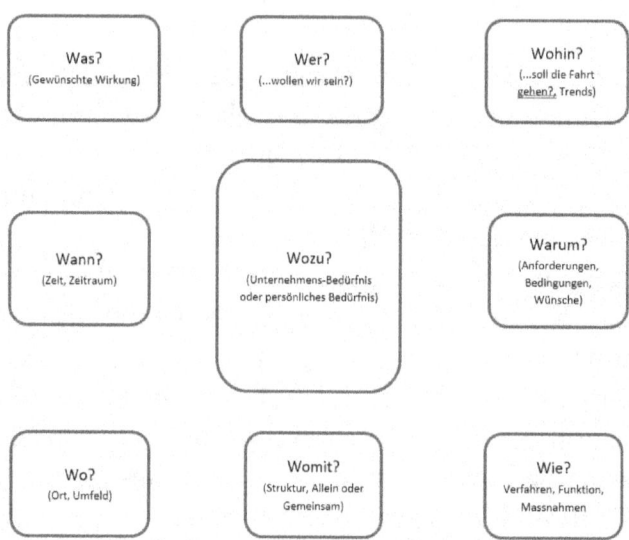

<u>Zur Erinnerung:</u> Zielgerichtete Nutzung von Analogien führt mit hoher Wahrscheinlichkeit zur Problemlösung. Mit gezielten Suchfragen können Sie schneller und einfacher eine Problemlösung finden!

Entwickeln Sie sich zum Experten! Ein Expertenstatus kann erreicht werden, wenn Sie in einem bestimmten Bereich ein wenig mehr wissen als die Anderen. Lesen, Googeln, Erfahrungen sammeln und Ergebnisse kombinieren - All dies lässt Sie zum Spezialisten werden.

Dabei geht es nicht um Zeugnisse oder teure Aus- und Weiterbildungen - Es geht lediglich darum, dass Sie Ihre Wirkung nach aussen stärken. Denn ein "Experten-Status" hebt Ihr Produkt oder Ihre Dienstleistung von den anderen ab. Ausserdem wollen die Kunden und Interessenten auch lieber von einem Spezialisten betreut werden.

✣ ✣ ✣

Brauchen Sie noch Hilfe bei der Erarbeitung Ihrer Lösungen und Zielbestimmungen? Gerne sprechen wir persönlich mit Ihnen über Ihre Themen. Wir glauben zu wissen, dass die Quanteninformation bzw. die Natur für jede Situation die optimalste Lösung bereithält. Lassen Sie sich überzeugen - Wir sind die Experten für nachhaltige Prozessoptimierung

Kontakt:
info@fretz-partner.ch
+41 (0)43 888 38 48).

✣ ✣ ✣

12 EINIGE AUSZÜGE AUS UNSEREN REFERENZEN:

"Alle Abläufe wurden deutlich optimiert, [...] wir haben eine Art Flow-Zustand erreicht." - "Sofort positive Veränderungen, [...] ich bin heute erfolgreicher, als je zuvor!" - "Unser Umsatz steigt stetig seit der Arbeit mit Quanteninformation." - "Die individuellen Programmierungen [der Informationsfelder] sind einmalig!" - "Eine wesentliche Verbesserung im Produktionsablauf wurde schnell und zielgenau umgesetzt." - "Seit dem Analysegespräch, sind wir überzeugt und setzen auf Quanteninformation. Die Zahlen beweisen den Rest!" - "Die Auftragslage steigt kontinuierlich, [...] wir haben immer mehr Erfolg!" - "Wir stossen immer wieder auf völlig neue Lösungsansätze, welche uns zur richtigen Zeit die wichtigen Schritte ermöglichen." - "Alles läuft besser, einfacher und schneller. [...] Wir übertreffen regelmässig unsere Ziele, dank der Quanteninformationen" - "Die Analyse zeigt treffsicher die wichtigsten Punkte für mehr Erfolg in einem Unternehmen." - "Die Resultate sind hervorragend!"

Was ist zu TUN, um solche Ergebnisse zu erreichen?!

Vereinfachen Sie Ihre Basiseinheit, d.h. die operativen Grundlagen sollten klare, einfache Prozesse und Aufgaben beinhalten.

Es ist ein Muss, dass Sie definierte Standardeinheiten in Ihrem Betrieb haben, d.h. einfache Regeln - Betonung auf _einfach_!

Aufbau von Synergieeinheiten, d.h. Optimierung von Zusammenarbeiten herstellen - sogenanntes „Hohlschuld"-Prinzip einführen.

Klare Kommunikationseinheiten ausarbeiten, d.h. die Kommunikation muss eine Eigendynamik entwickeln unter den vordefinierten, einfachen Regeln.

Strategie- und Entscheidungseinheiten sollten in Ihrem Leitbild verankert sein. Leben Sie Kultur, Leitbild und Unternehmenspolitik!

Wir wissen, wie die Quanteninformation basierte Unternehmensberatung in jedem Betrieb funktioniert! Folgende Ziele werden dabei angestrebt:
Das System (Unternehmen) regelt sich selbst.
Das System entwickelt eigene Strukturen und Prozesse.
Das System hat eine Wesenseinheit.
Das System ist umweltorientiert und passt sich stetig an.

Falls Sie solche Ziele anstreben, dann sollten Sie sich Gedanken machen mit uns in Kontakt zu treten um diese Prozessoptimierung einzuführen.

13 DIE WIRTSCHAFTLICHE ÜBERLEGENHEIT DER QUANTENINFORMATIONEN

Wir haben in unterschiedlichen Bereichen bereits von der Natur gelernt. Einige Beispiele:

Vom Schwanenhals zur Stadionkonstruktion (Neubau Müngersdorfer Stadion, Architekten Göran und Julia Pohl, Ing. Josef Trabert)

Quelle: Faszination Bionik

Die Technik, spezifischer das Ingenieurwesen, hat sich in der Vergangenheit schon einiges zu Nutze gemacht. Dabei wurde von der Natur abgeschaut und geprüft, was gebraucht werden kann, um komplexe, technische Herausforderungen zu lösen. In diesem Bereich gibt es, neben der obigen Stadionkonstruktion, unzählige Beispiele für naturangelehnte Ingenieurskunst.

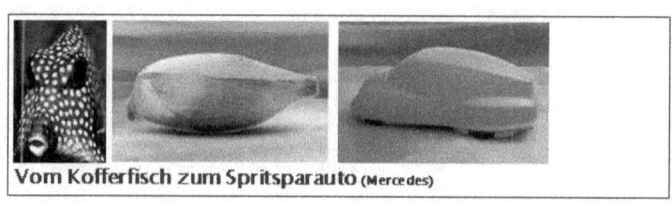

Vom Kofferfisch zum Spritsparauto (Mercedes)

Quelle: Faszination Bionik

Auch in weniger offensichtlichen Strukturen der Natur sind spannende Entdeckungen gemacht worden, welche beispielsweise mit aussergewöhnlichen CW-Werten verblüften und sogar die Windkanalspezialisten bei Test's überraschten. Der Kofferfisch ist eines dieser interessanten Vorbilder der Natur. Als Ingenieure der Autoindustrie das Kofferfischmodell in den Windkanal stellten, war das Staunen gross: Die CW-Werte bei der speziell hierfür entwickelten Mercedes A Klasse lagen bei nur 0,19 - Eines der besten, je erreichten Windkanalergebnisse mit einem Personenwagen. Zum Vergleich lag dieser Wert vorher bei 0,29!

Tatsächlich ist es so, dass bereits hunderte von Ingenieuren ideale Windkanal-Formen berechnet und gefunden haben. Die Natur ist uns aber immer noch (mindestens) einen Schritt voraus! Trotzdem muss festgehalten werden, dass eine Verbesserung des CW-Wertes um fast einen Drittel, einen exorbitanten Erfolg darstellt. Nur durchs Zuschauen und Lernen von der Natur!

Es gibt noch weitere Erfolgsberichte der Natur:

Der Schleimpilz - Reportage: Zukunft Wissen vor Acht, ARD

SELBSTORGANISIERTE NETZWERKE   30.01.2010, 15:00 Uhr
Schleimpilze sind schlauer als Ingenieure
Ein Schleimpilz schafft in wenigen Stunden, wofür Ingenieure Monate brauchen: Er ermittelt die effizientesten Verbindungen zwischen Städten im Großraum Tokio. Ein einfacher Algorithmus soll nun helfen diese Fähigkeit auch für uns Menschen nutzbar zu machen.

Quelle: Faszination Bionik

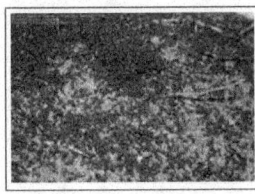

Die Ameisenkolonie
· Vorbild für effiziente Transportwege
(Procter & Gamble, sie wollten die Transportkosten um 75% senken! 50% schafften die Ing. den Rest musste mit neuen Ideen gelöst werden. Eine Simulation von 10 Monaten & 3 Mio. Kosten brachten 300 Mio. Einsparungen.)

Noch klarer wird die unglaubliche Effizienz der Natur, wenn Unternehmen einfach kopieren, was Sie in der Natur sehen - Also keine Ingenieurleistungen, Mathematik und Berechnungen, sondern natürliche Abläufe in die eigenen Prozesse und Strukturen integrieren. The Procter & Gamble Company ist ein US-amerikanischer, in 70 Ländern vertretener Konsumgüter-Konzern, der in einer Simulation und durch reines Beobachten und Nachahmen der Natur (Termitenbauten und Ameisenkolonien) ein Projekt umsetzte, in welchem über 300 Mio. Dollar eingespart wurden.

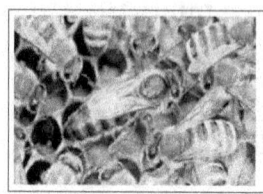

Das Bienenvolk

• Vorbild für regelmässig starke Kommunikation

(Wir werden überdurchschnittliche Herausforderungen antreffen um die Y-Generation in unsere Firmenführung einzubinden!)

Quelle: Das Bienenstock-Prinzip

Die Bienenkönigin hat die Aufgabe ihr Volk regelmässig und in hoher Qualität, mittels Pheromon (hormoneller Botenstoff), zu informieren. Sollte sie ihre Aufgabe unterlassen, zu wenig Informationen an ihr Volk bringen oder Informationen in zu wenig guter Qualität verbreiten, so wird von den nahestehenden Bienen, den direkten Dienerinnen, entschieden, dass die König ersetzt wird! Nach diesem Entscheid wird vom Bienenvolk umgehend eine neue Königin aufgezogen und die Bestehende wird sogleich eliminiert.

Die Erkenntnis daraus ist, dass wir regelmässig kommunizieren sollten und das in sehr hoher Qualität. Denn, die Belegschaft fordert stetig und kann heute nicht mehr so leicht als „dumm" verkauft werden.

14 ILLUSION ODER INNOVATION? INFORMATION ALS WIRTSCHAFTSTREIBENDER FAKTOR!

Seit 2003 arbeiten wir aktiv mit der wirtschaftlichen Nutzung von Quanteninformation. Aus unserer Sicht gibt es zurzeit keine effizientere Methode zur nachhaltigen Unternehmens-Entwicklung, als die mit gezieltem Einsatz neuester wissenschaftlicher Erkenntnisse.

Das Spannungsfeld zwischen der Newtonschen-Physik und der Quanten-Physik bleibt weiterhin gross. Seit über 400 Jahren wird in der Newtonschen-Physik gemessen, reproduziert, analysiert und daraus folgen eindeutige, widerspruchsfreie und kausale Begründungen für Nobelpreis verdächtige Resultate. Diese Grundlage mag ihre Gültigkeit gehabt haben, doch heute stehen wir an einem Wendepunkt. Dass die „Erde keine Scheibe ist" und auch die „Sonne nicht um die Erde kreist" ist klar, aber nun müssen wir lernen, dass die Natur sich nach eigenen Gesetzen regelt. [5] Wir haben mit neuster Technologie die Möglichkeit, Einblicke in die Regelwerke der Natur zu gewinnen und diese Informationen, welche der Natur zur Verfügung stehen, auch betriebswirtschaftlich zu nutzen. Hintergrund unserer Arbeit sind naturwissenschaftlich fundierte Resultate, welche von namhaften Wissenschaftlern dokumentiert wurden. So zum Beispiel im Buch „Der Grosse Entwurf" von Stephen Hawking. Nicht ganz einfach, aber definitiv lohnenswert, sich ein solch umfassendes Werk auch als Unternehmer anzuschauen.

Die Wissenschaftler im renommierten Forschungszentrum CERN in Genf setzen sich ebenfalls mit den Widersprüchen der modernen Physik auseinander. Die 4 Forschungs-Hauptbereiche sind folgende:

ALICE (Higgs-Boson) ca. 7'000 Wissenschaftler

ATLAS (Higgs-Boson) ca. 1'000 Wissenschaftler (Kontroll-Gruppe ALICE)

CMS (Supersymmetrie) ca. 3'200 Wissenschaftler
LHCb (Symmetrien) ca. 650 Wissenschaftler

Wir stellen immer wieder fest, dass trotz eines Verhältnisses von ca. 8'000 zu ca. 3'850 Wissenschaftlern, die Forschungen der Symmetrien im Hintergrund stehen. Das mögliche Higgs-Boson ist bekannt, weil darüber sehr viel in den Medien beschrieben wurde. Die Neuigkeiten des CMS und LHCb (Symmetrie-Forschung) sind jedoch kaum erläutert, da diese Thematik noch viele Fragezeichen auslöst. Die physikalische Symmetrie beschrieb die Mathematikerin Emmy Noether schon Anfang 19. Jahrhundert als das fundamentalste Naturgesetz (Noether Theorem). Wir haben einen Weg gefunden, mit diesem Phänomen erfolgreich zu arbeiten und haben messbare Resultate und vorzuweisende Ergebnisse. Unsere Referenzen beschreiben die unterschiedlichsten Lösungen und Innovationen, welche die Quanteninformation in Ihr Unternehmen brachte - Ganz nach dem Motto "so individuell wie die Natur".

15 QUANTENINFORMATION – WIRTSCHAFTLICH NUTZEN!

Traditionelle Unternehmensberatung bezieht sich fast ausschliesslich auf vordergründig messbare Grössen im Rahmen des Wertschöpfungsprozesses; die Definition von Organisationsabläufen, die Personalführung, die Analyse von Marktstudien, etc. Das ist natürlich nicht falsch, reicht heute aber nicht mehr aus, um einen nachhaltigen Unternehmenserfolg sicherzustellen.

Nach über 10-jähriger Erfahrung mit dem betriebswirtschaftlichen Einsatz der Quanteninformation, glauben wir zu wissen, dass häufig die einfachen Wege viel effizienter sind und vor allem nachhaltigere Resultate liefern. Die Quanteninformationen basierte Unternehmensberatung hat eine Erfolgsquote von über 95% in nachgewiesenen Projekten und begleiteten Unternehmensentwicklungen.

Veränderungen und Prozessoptimierungen sind die Voraussetzung zum Überleben eines Unternehmens. Wir sind der Überzeugung, dass punktuelle Einsatzgebiete der klassischen Unternehmensberatung durchaus ihre positiven Seiten haben, jedoch in einem Business Reengineering niemals an die natürlichen Faktoren der Quantenphysik herankommen. Zu viele und schnelle Veränderungen in einem laufenden Prozess ergeben wiederum neue Konflikt-Potenziale, deren Verhalten man nicht abschätzen oder kalkulieren kann. Eine natürliche, schrittweise Optimierung laufender Prozesse mit Hilfe der Quanteninformation bringt immer sehr langfristige und nachhaltige Erfolge in das betroffene Unternehmen. Alle Bereiche können sich so ideal und zeitlich frei entwickeln, statt dass die schnelle Variante einer Geschäftsprozessneugestaltung erzwungen wird, wie diese aus den klassischen Verfahren bekannt ist.

In Zeiten wie heute, hat eine fehlende strategische Ausrichtung fatale Folgen für die Zukunft. Die Quantenphysik führt ein Unternehmen deshalb automatisch immer mehr in die Entscheidung für richtiges, strategisches Management. Die Informationsfelder der Quantenwelt beinhalten eine wichtige Naturkonstante mit der gezielten Aufgabe: ENTWICKLUNG! Das bedeutet, eine stetige Entwicklung Ihres Unternehmens oder der Abteilung, für welche sie die Verantwortung tragen, ist das Resultat des Einsatzes der modernen Wissenschaft. Deshalb ist die Quanteninformation - richtig eingesetzt - ein sicherer, zukünftiger Begleiter in allen betriebswirtschaftlichen Prozessen und bringt Meilensteine voran in allem Tun und Handeln.

15.1 Quanteninformation - natürlicher Wirtschaftsfaktor

Prof. Dr. Carlo Rubbia
Italienischer Physiker, * Görz 31.03.1934; seit 1962 am Europäischen Kernforschungszentrum CERN bei Genf (1989-93 Generaldirektor); wies 1983 mit S. van der Meer die Existenz der Eichbosonen W^+, W^- und Z^0 nach, wofür beide 1984 den Nobelpreis in Physik erhielten.

Ihm haben wir es zu verdanken, dass die Streitfrage „Energie oder Materie" oder anders ausgedrückt „Chemie oder Physik", derzeit zugunsten der Physik und damit zugunsten der Energie, ausfällt. Rubbia fand heraus, dass Materie übergeordneten energetischen Wechselwirkungskräften gehorcht und dass eine Naturkonstante existiert, dass das Verhältnis von Masseteilchen (Nukleonen) zu steuernden Energieteilchen 1:9,746 x 10 hoch acht beträgt. Diese Wissenschaftliche Erkenntnis bedeutet, dass die Materie gegenüber den bewirkenden, energetischen Kräften weit in den Hintergrund tritt.

Verhältnis Materie / Energie = 1:9,746 x 10^8

Fazit: 99,9999% reine Information

15.2 Quantenphysik wirtschaftlich nutzen – Funktionsbeschreibung

Grundlage unserer Dienstleistung: Transport von Informationen an den jeweiligen Zielort (z.B. ein Unternehmen).

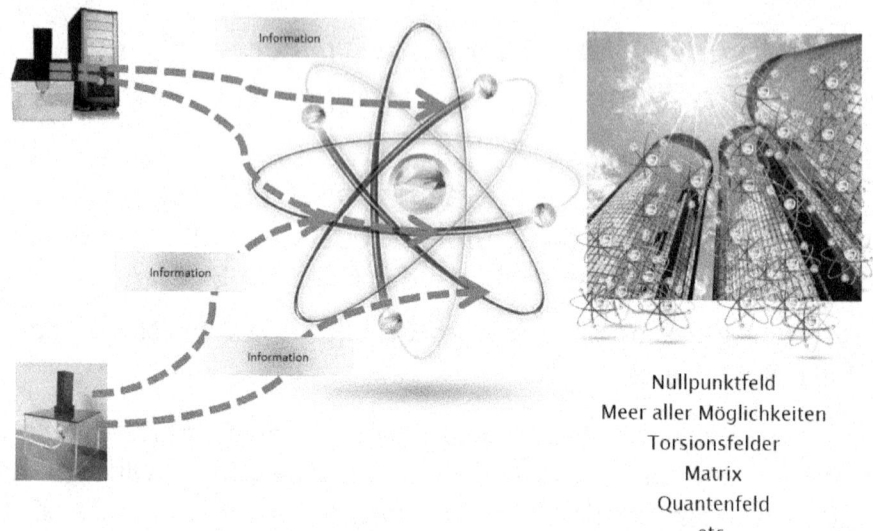

Nullpunktfeld
Meer aller Möglichkeiten
Torsionsfelder
Matrix
Quantenfeld
etc.

Wikipedia: **Quantenverschränkung** *(selten* **Quantenkorrelation***) ist ein physikalisches Phänomen aus dem Bereich der Quantenmechanik. Zwei oder mehr Teilchen können eine nichtlokale Verbindung miteinander eingehen, die man als Verschränkung bezeichnet. Messungen bestimmter Observable verschränkter Teilchen sind korreliert. Das heisst, misst man eine Quanteneigenschaft bei Teilchen A (z. B. Spin), so ist die dazu korrelierte Eigenschaft (z. B. negativer Spin) ohne Verzögerung auch bei Teilchen B anzutreffen. Zwischen den messbaren Eigenschaften (Observable) der Systeme scheinen daher Beziehungen zu bestehen, die in der klassischen Physik und auch in klassischen naturphilosophischen Auffassungen nicht angenommen wurden; damit zusammenhängende Interpretationskontroversen betreffen u. a. das sog. Einstein-Podolsky-Rosen-Paradoxon. Um das Gesamtsystem korrekt zu beschreiben, können die verschränkten Teilchen daher nicht mehr als einzelne Teilchen mit definierten Zuständen beschrieben werden, sondern nur noch das Gesamtsystem als solches. Sonst lassen sich die Korrelationen (Abhängigkeiten) zwischen den Messwerten (und damit zwischen den zu den gemessenen Eigenwerten gehörenden Eigenzuständen) der Einzelteilchen nicht erklären.* [6]

Das **Standardmodell der Elementarteilchenphysik** (SM) ist eine physikalische Theorie, welche die bekannten Elementarteilchen und die Wechselwirkungen zwischen ihnen beschreibt. Die drei vom Standardmodell beschriebenen Wechselwirkungen sind die starke Wechselwirkung, die schwache Wechselwirkung und die elektromagnetische Wechselwirkung. Nur die Gravitation bleibt aussen vor.

Ausblick: Erweiterungen des Standardmodells

Physiker auf der ganzen Welt entwickeln das Standardmodell weiter und erweitern es, um geeignete Ansätze, die etwa die Gravitation oder Supersymmetrie berücksichtigen, gleichzeitig das Standardmodell aber nicht grundsätzlich über den Haufen werfen.

Nur schon diese Gewissheit, dass sich die „Newtonsche Welt" damit beschäftigt das Standard –Modell anzupassen, sollte einiges zum Denken geben. Die Wissenschaft steht vor unlösbaren Problemen die die Newtonsche nicht mehr messen kann und schon gar nicht mehr in Teilchen Physik einbinden kann. Das „Higgs-Teilchen" wurde bis 2017 nicht gefunden: Es wurden lediglich Spuren von Energie nachgewiesen. Die Forscher am CERN konnten bis dahin erst mit einer Gruppe den Nachweis erbringen, die Kontrollgruppe konnte das „Higgs-Teilchen" jedoch noch nicht bestätigen.

Konklusion:
Wenn Sie diese Fakten als logisch und sachlich richtig beurteilen, kann die angewandte Quanteninformation die einzig logische Folge sein. Wir arbeiten seit 2003 mit diesem Instrument und haben hervorragende Ergebnisse. Die Technik, Information in die jeweiligen Atome zu bringen, wird in Fachbüchern als Weisses Rauschen beschrieben.

Es gibt zurzeit keine effektivere Prozessoptimierung als diejenige mit angewandter Quanteninformation. Die Programmierung der Informationsträger ist über Jahrzehnte entstanden und hat heute einen sehr hohen Stand an Qualität und Richtigkeit.

16 INNOVATIONEN IMPLEMENTIEREN UND PROZESSE OPTIMIEREN IST NACHHALTIG WIRTSCHAFTLICHER!

Kann ein Innovations- und Prozessmanagement deutlich mehr Ertrag bringen?

Ja, mit selbstregulierenden - / selbstüberlebenden Systemen

Die Zukunft spielt in einem anderen Takt.

Setzen wir einmal einen Vergleich auf:
Am 6. September 2011 legte die SNB den Mindestkurs des Euro zum Franken auf eine Untergrenze von 1.20 Franken fest. Dies mit der Begründung, dass die massive Überbewertung des Schweizer Frankens eine akute Bedrohung für die Schweizer Wirtschaft darstelle. Der Euro hatte kurz zuvor zum Franken praktisch einen paritätischen Wechselkurs erreicht.
Die Exportwirtschaft hat geklagt, dass diese Untergrenze viel zu tief sei und damit die Existenz gefährdet wird.

Aussenhandel – Indikatoren
Handelsbilanz

Aussenhandel (1) der Schweiz
In Millionen Franken

	Einfuhr	Ausfuhr	Saldo
1999	113'416	114'446	1'030
2000	128'615	126'549	-2'066
2001	130'052	131'717	1'665
2002 (2)	128'207	135'741	7'534
2003	128'596	135'472	6'877
2004	136'987	146'312	9'326
2005	149'094	156'977	7'883
2006	165'410	177'475	12'065
2007	183'578	197'533	13'955
2008	186'884	206'330	19'447
2009	160'187	180'534	20'347
2010	173'991	193'480	19'489
2011	174'388	197'907	23'519
2012	176'781	200'612	23'831
2013	177'642	201'213	23'571

So wirklich viel hat sich in diesen Exportzahlen nicht verändert. Damit ist bewiesen, dass die Unternehmen deutlich effizienter arbeiten mussten um zu „Überleben".

17 MAL ANGENOMMEN DAS STIMMT, WAS DANN?

Viele Informationen, die Sie bis jetzt gelesen haben und einige Aspekte, die Sie wahrscheinlich noch nie so gehört haben - Wenn Sie jetzt in die Welt hinaus gehen und Spezialisten fragen, werden Sie erstaunt sein, wie viele Menschen ähnliche Ansichten und Informationen haben oder sich zumindest damit beschäftigen.

TUN ist der nächste Schritt. Prüfen Sie, in welchen Teilbereichen Sie sich autonom bewegen können, sodass Sie selbständig etwas verändern oder optimieren können. Nutzen Sie die Hilfestellungen der Naturgesetze und den Angeboten, die zur Verfügung stehen.

Unser Angebot, die angewandte Quanteninformation zur Prozessoptimierung, soll Ihnen die Gewissheit geben, Ihre Ziele zu erreichen oder gar zu übertreffen.
Wir entwickeln stetig neue Programmierungen und Anwendungen, damit unsere Kunden für Veränderungen des Marktes gerüstet sind.

17.1 Das Tool

Unser Theorem:
In der Physik nennt man einen Lehrsatz auch ein Naturgesetz oder physikalisches Gesetz. Im Unterschied zur Mathematik spielt hier der Bezug zur Wirklichkeit eine entscheidende Rolle. Der Lehrsatz muss durch Experimente als adäquat nachgewiesen werden. Hier verweisen wir auf die wissenschaftlichen Arbeiten der beiden Professoren Heide S. Adam, Professor am Institut für Molekulare Physiologie und Biotechnologie der Pflanzen, Universität Bonn bis 2007 & Hermann P. Schnabl Professor für Mikroökonomik an der Universität Stuttgart bis 2004.

1. Natürliche Verschränkung (warum reicht ein CV und Stellenbeschreibung oder Homepage, Firmenbroschüre) Quantenverschränkung: spukhafte Fernwirkung. Die so genannte Quantenverschränkung gehört zum Bizarrsten, was die moderne Quantenphysik zu bieten hat. Sie besagt, dass zwei Teilchen A und B, die einmal verbunden waren, auch nach der räumlichen Trennung miteinander verbunden bleiben und mit unendlich hoher Geschwindigkeit Informationen austauschen. Je Änderung an einem Teilchen bewirkt wie von Geisterhand dieselbe Veränderung am jeweils anderen Teilchen. Selbst wenn der Zeitpunkt der Trennung weit in der Vergangenheit liegt oder die Teilchen mittlerweile tausende Kilometer voneinander getrennt sind verhalten sich die beiden wie eine Einheit.

2. Wo befinden sich die Informationen (im CV und Stellenbeschreibung oder Homepage, Firmenbroschüre) Prof. Dr. Carlo Rubbia Italienischer Physiker, * Görz 31.03.1934; seit 1962 am Europäischen Kernforschungszentrum CERN bei Genf wurde bereits beschrieben unter Punkt 15.1 in diesem Skript.

3. Sonde mit weissen Rauschen (Resonanzaufbau zum Fragenkatalog / CV mit Stellenbeschreibung oder Homepage, Firmenbroschüre)

Weisses Rauschen ist ein Rauschen mit einem konstanten Leistungsdichtespektrum in einem bestimmten Frequenzbereich. Weisses Rauschen wird als ein stark höhenbetontes Geräusch empfunden (vgl. Psychoakustik). Weisses, in der Bandbreite beschränktes Rauschen wird in den Ingenieur- und Naturwissenschaften häufig verwendet, um Störungen in einem sonst idealen Modell abzubilden. Ein ähnliches Wahrscheinlichkeitsmodell wird in den Quantencomputern genutzt. Quantenphysik ist nun Mal ganz anders!

4. Fragenkatalog als Wissenstransfer (was will ich Wissen)
Soft Skills ca. 980 Fragen
BWL ca. 1'100 Seiten
Personalmanagement ca. 1'000 Seiten
Personalentwicklung ca. 800 Seiten
Massnahmenplan Best Praktika ca. 1'200 Seiten
Marketingmassnahmen ca. 500 Seiten
Strategieabfrage 220 Möglichkeiten
VR-Mandat Risikoabfrage ca. 1'300 Seiten
Nachfolgeplanung ca. 900 Seiten
Führungs-/Kompetenzenfähigkeiten ca. 490 Fragen
etc. etc.
Die Kataloge werden laufend erweitert.

17.2 MAL ANGENOMMEN DAS STIMMT WIRKLICH, WAS DANN?

Gute, nachhaltige Prozessoptimierung kann nur noch mit aussergewöhnlichen Massnahmen und Strategien umgesetzt werden.

BEGINNEN SIE JETZT!

Innovationen implementieren und Prozesse schnell optimieren ist keine Marketingidee, sondern ein Schritt in die Zukunft.

Die Möglichkeit der Entwicklung ist ein Naturgesetz und damit die Grundlage der Unternehmensentwicklung, sowie Prozessoptimierung.

Wir bauen selbstregulierende- selbstüberlebende Systeme in Ihren Unternehmensprozessen!

Eine Innovations-Strategie zur Prozessoptimierung kann noch vieles mehr - Lassen Sie sich positiv überraschen von unserem INOQUN®-System.

Die angewandte Quanteninformation baut selbstregulierende, selbstüberlebende Systeme zur nachhaltigen Prozessoptimierung und Innovation eines Unternehmens.

*   *   *

Urheberrecht
Bruno Fretz
Das **Urheberrecht** bezeichnet zunächst das subjektive und absolute Recht auf den Schutz geistigen Eigentums in ideeller und materieller Hinsicht. Als objektives Recht umfasst es die Summe der Rechtsnormen eines Rechtssystems, die das Verhältnis des Urhebers und seiner Rechtsnachfolger zu seinem Werk regeln; es bestimmt Inhalt, Umfang, Übertragbarkeit und Folgen der Verletzung des subjektiven Rechtes.

* * *

Copyright
Bruno Fretz

Das Schweizerische Urheberrechtsgesetz schützt geistige Schöpfungen der Literatur und Kunst, die individuellen Charakter haben. Zu diesen Schöpfungen gehören unter anderem Sprachwerke, Werke der Musik, der bildenden Kunst, der angewandten Kunst, visuelle oder audiovisuelle Werke sowie Computerprogramme. Der Schutz des Urheberrechtes und der verwandten Schutzrechte (Interpretenschutz) in der Schweiz gilt vom Moment der Schöpfung an und bedarf keiner Registrierung. Die Bezeichnung "Copyright" oder der Vermerk "©" haben keinen Einfluss auf den Schutz.

* * *

Bruno Fretz

Fretz+Partner AG

Die Unternehmensphysiker®
Höhenweg 2b
8834 Schindellegi

info@u-physiker.ch

Für Fragen stehen wir gerne zur Verfügung!

+41 43 888 38 48

www.unternehmensphysiker.ch

QUELLENNACHWEIS

[1] Wie das Bewusstsein „Wirklichkeit schaltet" - Dr. Ulrich Warnke im Gespräch, https://www.youtube.com/watch?v=lVhFhR_lSdw&feature=youtu.be, Stand 18.12.2014

[2] Selbstregulation, http://de.wikipedia.org/wiki/Selbstregulation, Stand 18.12.2014

[3] Innovationsquelle Natur, Prof. Bernd Hill, Westfälische Wilhelms-Universität Münster DE: Shaker Verlag, 1997

[4] Wikipedia Qualität, http://de.wikipedia.org/wiki/Qualitaet, Stand 18.03.2015

[5] Der Grosse Entwurf, Stephen Hawking, S. 143/144

[6] Wikipedia Quantenverschränkung, http://de.wikipedia.org/wiki/Quantenverschr%C3%A4nkung, Stand 23.04.2015

Weitere Quellen:

Faszination Bionik, Kurt G, Malik, Fredmund (2008)

Das Bienenstock-Prinzip, Dieter Schürer (2013)